Alles Gute Zum Geburtstag
SUDOKU

liebe, Freude und auch
Glück, von allem wünsch'
ich dir ein Stück!

Herstellung und Verlag: BoD – Books on
Demand, Norderstedt
ISBN: 9783750480841

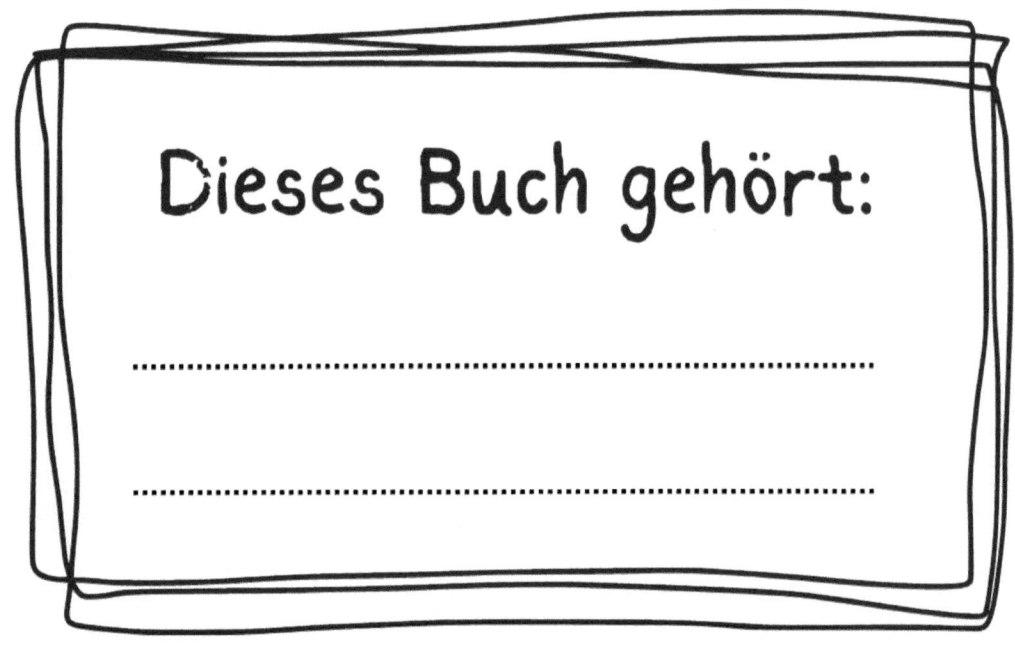

Dieses Buch gehört:

....

....

SUDOKU - 1

	4	2	5	6	3	1		9
	9				7	5	6	4
5	7	6		1	4		8	3
		4	3				5	8
6	2	5		9		3	1	7
7			1	5	6	4	9	2
	6	8		2	5			1
1	3			4			2	
		9	8		1	7		

SUDOKU - 2

	4	7	8					
	9	5	3	1	7	8	2	4
8	1	3	4	9			6	7
3	2	4		8		1	5	
		9			1		7	
1		8	5		9		3	
9		1	6		8	2		5
		2		5	3	7	1	
	5	6	1	2			8	

SUDOKU - 3

	9	1		6	3		4	2
				7	4	1	9	
7	5	4		1	2	6		3
		5		4		3	7	8
9	4			3	8			
6	8	3		5	1		2	4
		2	3			4		9
		9	1		6	8		7
	6			9	7	2	3	1

SUDOKU - 4

				6	4	8		
2								7
6		1	8			9	3	2
3	5	2	4	8	1		9	
9	7			2	3	8	1	
			7	6	9	5		3
5	3		1	4	8		6	
1	2	9	6	7	5	3	4	8
4	6	8				1		

SUDOKU - 5

4		8	6	2	5	3	1	9
6		9		8	1			2
1		2	3	9		7		8
		5	8		6		7	1
	1	4		3				6
	6			1		4	3	5
5		1				8	9	
9	2	3				6		4
7			4	5	9	1	2	

SUDOKU - 6

5			2					3
				3	7	6	2	
3		7		1		8		4
	8	5		6	2	9	3	
2	3		7	9				6
6	7	9	3	5	4	2		1
	9		5	4		7	6	2
	5	2		7	6			
7	4	6		2	3	5	1	8

SUDOKU - 7

1	2	6	7		4	9	5	3
			9	2	1		6	
4	7		3	6			2	1
	4	7			8	1		
	6	8		5	2	4		
	3		4	7		2		
	8		5	4		3		9
7		5			3	6	4	2
	9		2	1	6	5	7	

SUDOKU - 8

	5	4	7	2	1	8	9	
9	7			4	5		2	6
	3	2	8		9		4	5
8					2	9		7
	9	3		7	8	4	1	2
2						6	5	
		5			4	2	7	9
	2			3	6		8	
4	8	9		5	7	3	6	1

SUDOKU - 9

1			4	7	9			
8	9	4	2			7	6	
3	5		6	8	1			2
6	7			9			4	3
	1	5			3	9	8	
9	4		8	5	6		2	7
7	6		9		4	3		
	3		5	2	8	6		9
5	8			6		2	1	4

SUDOKU - 10

6						5		
	7	4	5	1		9	3	
	5		2	7	9			
4	6	7	1		5		9	3
8	2				4	1	5	6
5	1	9	6		8	4	2	7
7		2		5			6	4
	4			8			1	5
	3	5	4	6		7		9

SUDOKU - 11

		5		1		9		7
		9	4	7	5	8	6	3
6	8	7	9	3	2	5		
		6		8	1	2	3	9
5				6		4	7	
	9		7	2	4			1
		4		9		1	8	2
2	6		1		7			
	3	1	2			7	4	6

SUDOKU - 12

		3	2	7		4		1
	7	1	9	3	4	8	6	5
	9		6	8		2	7	
1	5	6	4	2			8	
	4	9				3		
3		7	8		9	6	1	
7			5	4			3	
	3			6	7	5		8
4	1				8	7	2	6

SUDOKU - 13

8		7	2		4			9
		5	7		6			
4	2	6			1	5	3	
1				7	3	2		6
	5			6	9	4	8	3
6	9	3	4	2				1
3		8	6		7	1	2	5
2		1	3	4	5	9	6	8
		9		1	2			4

SUDOKU - 14

7		4			1	5		2
1	6	3			5	9	7	4
	2	5		3		8		
2		1		8		3		9
8	5			1	3		6	7
	3	6	5	7	9	1		
5		8				7		3
3	1	2		4		6		5
	4	7		5		2	9	1

SUDOKU - 15

4	6		5	9		8		1
5				3	8		4	6
8	2	9	4	1	6	3		7
		1	3		4			8
	8			6	5	1	7	4
	9	4		7		2		5
1		6		5	2	4		9
	7			4	9		1	3
	4	5		8		7		

SUDOKU - 16

	7	2	6	4		1	5	
			1	8		3		2
1	8	5	3	2			6	9
					2	5	9	3
5	3	6	9		4	8	2	1
9		8		3	1		4	7
8	5	1	2				3	4
	9	3		5		2		
2		4				9		

SUDOKU - 17

1			7	2	6	9	8	5
8	2	6	9		5			7
	9	5		1	3	6	4	2
2		9	5	3	4	8		6
	3		1	7			5	
5	7	4		8			2	1
	8		2					
9	6		4		8	2		3
			3	9	1	7		8

SUDOKU - 18

		5			1			
8	9	6		5	3	1	2	
1			4	9	6	7	8	
5	8			7		3	9	2
6	4					5	1	7
	3	2		1	5	4	6	
3	1	4	5	6	8	2	7	9
				4		8	5	3
9	5			2				

SUDOKU - 19

	2			5	4	9	1	
7	1		9		8		2	5
			2			8	4	3
1	5			2		7		4
		6	8		5		9	
4				6	1	5	8	2
		7	1	9	6	2		
6	8		4	7	3	1	5	9
	9	1			2	4		6

SUDOKU - 20

9	5	7	6	8		2	1	4
		2	7					9
8	3		1		9	7	5	6
	4	8	5			6	9	2
	6	5	9		2		7	8
7			8		4			1
2	7	1		5		9		
	9	3	2	1		8		
4			3	9				5

SUDOKU - 21

6		1	4			8	9	
		4	6	5		2		
2		3	8	1	9		6	4
7	8	6	1	4	5	9	3	2
	3	9	2		7			6
5		2	9		6	7	8	1
	1		7				2	5
	2	5			8	1	7	
9	6				1			8

SUDOKU - 22

			4	8	6		2	1
4	1				2	3	9	8
8	5			3			6	7
5	6	7	1	2	9		4	
3	2			4				9
9	8	4	7	5	3	6	1	2
	4					7	9	8	5
	7	5	8	9		1		
6					5			

Leicht

6	9	1	4	8	5		2	
7	5	3				4		8
	2		3		7		9	1
3	6		5			8		9
	8			9	3	6	5	4
5	4		8	7	6	3	1	
9		6	1		4			5
		5	6	2	9		4	
			7			9		6

SUDOKU - 24

Leicht

7		8	6			1		3
9		2			8		5	6
1	3			7	5			
4	9		8		3		6	1
	8	5		6			7	
2	6	1	7	5	4		3	8
6			5	1	7	3	8	4
	7	4	3					
	1	3		8	6	2		7

SUDOKU - 25

		6		1			2	
8			3				7	6
	2	3		5				
2	9			3	4	7		5
5			1	9	6	3	4	2
			7	2	5	1		8
4	5	8			1	6	3	9
3				6	9	4	8	
	6	9	4	8	3	2	5	7

SUDOKU - 26

	8		1	4	9	5	3	7
1	3		2		7			9
9	4		3	6	5	8	2	1
	2			9	1		5	4
8			6	5	4			2
5	6		7			9	1	
4	7		9	3	2		8	5
2	5		4					3
3	1					2	4	

SUDOKU - 27

3	4	2	7		8	5	1	6
		6	4	5	2		3	
8			1				7	4
	2	1						7
4				6				
7	5	9	3	8	1	4		
5		3	6	1		7	2	9
9	6	7			3	8	4	
2			8	7	9	6	5	

SUDOKU - 28

1	8		2	5		4	3	
		2		8	3	9		5
5	3	9	6		4	8		
6	9	4		2		1		
3	5			9	6	7		2
	2	7	3		5	6		9
2	4		9		7			
9				3	1	2	7	
		3	8		2	5	9	6

SUDOKU - 29

			9			4		7
4		5	2			6	9	3
				3	8	5	2	1
8	2	4	5			7		6
	3	9		6				4
5		1	7	4	2		3	9
1	5	8	6	7		3	4	
2	7			8	4	9	6	
		6	3	2			7	

SUDOKU - 30

3		7	5	6	9	1		2
	6	1	8		3	4	7	9
	8			1	4		5	
7			9					5
9	2	6		3			1	8
8	5		1	7	6		2	
4		2		5	1		9	7
	7		3	9			6	4
6				4		5		1

SUDOKU - 31

7	5			9	2	1		4
8		9	3			7	2	5
		4		7	5	9	8	3
5			9	8	7			6
9		6	2	5		4	7	8
	8			6			9	2
	2	5	7	1	4	8		9
		1		3		2	5	7
	7	8	5				4	1

SUDOKU - 32

	3	4		9	7	2		6
5	8	7	3	2		9		
9	2		4	5	1	7		
	7	9		1	4		6	5
2	1		7					3
		8		3	9		7	2
7	6		9		2	5	8	1
		2		7		6		
	9		6	8	5	3		7

SUDOKU - 33

3	8		4					6
	7			5	8	1	4	3
	4	1	9			2	7	
4		7	8	2	3	9		1
	3		5	6	7	8		4
	6	8		4		3		
7	1	3	6	9	5	4		
	9							5
8	2	5	7	1	4			9

SUDOKU - 34

	6	9	1	3	4	8		2
7	1	4		5				6
2	3	8	9	6	7			4
	5		7	4	6	9	2	1
	2		8	9				
	4	1			5	6		7
			5			7		8
1			4	8	9	2	5	3
	8					1	4	9

SUDOKU - 35

Leicht

1	3	7		4			6	2
		2	1		6	3	4	7
6	5	4	3		2	8	9	1
5			6	3	7		2	
4	6							8
	2		5	8		9		
8		5	4		9	6	7	
		9	8	6	3	4	1	
	4				5	2		9

SUDOKU - 36

Leicht

	1		9	4	7		6	3
6	9				3		7	5
7			6		1		4	
	2				5			
	4	1	2	8	9	6		7
9				3	4		5	
4	5	9				7	8	6
	7			9	8	3	2	4
8	3	2	4		6	5	9	1

SUDOKU - 37

	6	4	5			7	2	3
	2		8	3		5	6	4
	3	5	4		2			
5	7			4	8	9	3	6
3	8	9	2				5	1
				5	9	2		8
			7			6	1	5
	1		9	8		3	4	2
		3	6		4	8		7

SUDOKU - 38

		1	3	2				
	6	4		7		8	3	
8				4	9	7		
2	8	5	1	3	6	4	9	7
	7	6	8	9	2	1		3
3			4			6	2	8
	9		7	1		2	6	
		2		8				1
1	3	7	2	6	4			9

Leicht

	3	6	7	4	5			
		5		9	1		7	
9				8			5	2
	6	8	5			1	4	9
5		2				3	8	7
4	9	7	8	1	3	2	6	5
6	8		1					4
7	2	4		3	9		1	8
	5				8	7	3	

SUDOKU - 40

Leicht

8		6		4				
	5	1	6	7		9	4	8
3	4			2	5	7	6	1
1		5		9		2		7
	2	4	1			6		3
			7	3		5	1	4
4	8	7	3	6	9	1	5	2
	9				4	8		6
6			2	5				

SUDOKU - 41

							6	
	8	3	1		5			
	6	1	2	9	4	3	8	7
	5	6		8	2		7	9
3	4	8	7	1			5	2
	9					8	3	1
8	1	5	6	4		9	2	3
			5	2	1	7		8
4	7		9	3				6

SUDOKU - 42

6	5		3		8			7
3	4	2	1	7	9	6		8
7	9	8				2	1	3
2		6		9	4			1
8	3		2		5	4	7	6
4			6	3			2	
9	6	7	5				8	
5		3			2	1		
1	2		9			7		5

SUDOKU - 43

	9	7					6	2
		4	8	6	1	5		7
			7			4		3
6				5	7	3		9
5	1	9		2		6	7	4
3	7	2					5	1
4		3	5	8	9	7	1	
7	5		2			9		
9	8	1	6		3	2		5

SUDOKU - 44

	4	1	9	7		5	8	6
6	7	5	4	1				2
	2		3	5	6	7	4	
			7		3	4		9
7		2	8	4		6	3	5
4	1	3	5	6		2	7	8
	3	7		8				4
5					4	1	2	
			2					3

SUDOKU - 45

Leicht

	5	9	6	4	8	2	7	1
		8	2		1	3	4	
1			9			6	8	5
	8	4				5		6
5	3	6		1			9	7
9		1	8	6	5	4	2	
				2		9		
4	2	3			7	1	6	8
6			1	8	4	7	3	

SUDOKU - 46

Leicht

		4	9	8		7		
2					1		5	
3	6		2	5	7		9	1
8	4				6	9	1	7
9	2	5	7	1			3	
6	7	1	8	3				
7	8				5	1		4
4	3	2	1	6	8	5	7	9
	1				2		8	3

SUDOKU - 47

5		6	9	3	7			8
2	3		1		5	6		
	7	1	2		4			
1			8				6	9
9	8	7	6		1	3	5	2
	6	4			2			
7	5		3		9	2	4	6
6	1	2	4			9	3	
	9	3	7		6	8	1	

SUDOKU - 48

8		3			2	9	4	5
		5	1		4			6
4		6	5			7	8	
	4	2			6	5		9
		8		4	5		6	
6	5	9		1	7		3	
5	8			2	9	6		3
3		4	6	7	1	8		2
2	6		3			1	9	

SUDOKU - 49

5			8		3			1
9	1		2		7		8	3
4	3		6	1	9		2	
8	4	7	9	2				
6	2		7		1	8	4	
1	9	3	4	8	5		7	6
2	5		1				3	
3	8				2	6	9	
	6			9	8	1		2

SUDOKU - 50

7		9	8	5		1	2	
5			2			8		6
3	8	2		6				9
1	9	6			3	4		7
8		3	9	4			6	5
4		5			8	3	9	1
9				8	5	6		
2			3	9		7	5	4
6		7		1	2		3	8

SUDOKU - 1

	3	1		5			7	
2	8	5	4	9		3		
9		7	1			5	2	
1	9	4		2	3		6	
8			7	6		4		
6		3			4	2	5	
7		8		1		6	4	5
5	1		8	4	6		3	
3	4			7		1	8	

SUDOKU - 2

3		8	5	9				4
	4	5	8	1		2		
1	7	9		2		8		5
	6		9	4	2	3	5	
9			1	3			4	
4		2	7	6		9		1
5	9			7	1	4	2	
	1		2		3			6
2						7		

SUDOKU - 3

Mittelschwer

		6	5	2		3		
	3		8			9	2	
	9			1	3	8		
2		8	1		5		3	9
4	5	3					7	1
9	1		3	4	2		8	
	2	9		3	7	6	5	8
	7			9		1		2
	8		2	5	1			3

SUDOKU - 4

Mittelschwer

	9		2		3	4	7	8
	1	7	5	8			3	
4	8	3	6	7	9	5	1	2
5	2		8		6			7
			9	2	5		8	
							6	5
	7	2			1	8	5	
1	6	8			2		9	4
9		4	7					3

SUDOKU - 5

Mittelschwer

4			6	1			8	
2	1	6		7				
		8	5			6		2
9		1		2	8	7	4	6
	2		4		9	1	3	
6	3		7	5	1			8
1			2				6	
5					6	9	7	4
7	6	3		4				1

SUDOKU - 6

Mittelschwer

	6	8	1	9			5	7
9	5		2	7	3	6	8	4
7		3	8		6	9	1	2
	7		5					1
	2		3		1		7	9
8		9			2		4	3
1	9	5	6				2	
	8				5		3	
6		2					9	5

SUDOKU - 7

2	1	4	8	7	6	9		5
9			3	5			1	
	6		2				8	
		9			1	6		2
				3	5	1	7	8
7	5	1		8		3		
	9	8		6	7	4		1
6	4		1	2	3		9	
1	7	2		9	8	5		

SUDOKU - 8

	4	5	1	3	6			9
	7	2	4		5		6	
			2	9				8
	3	9	8	7				2
	1				9		3	
	2		3		1	8	9	7
4	8		9		2		5	3
2	5	6	7		3	9	8	
		1		4	8		7	6

SUDOKU - 9

Mittelschwer

	5			7			3	2
3	2	4	9			5	8	
7	8		3	5		4		9
	9	5				7	6	4
4	6		7	9		3	2	
			2	4		1		5
	7	2		1		8		3
6	4	8	5	3		2	7	
	1		8	2	7	9	4	6

SUDOKU - 10

Mittelschwer

		5			9	2		4
	1		5	2		8	7	
2	4	9				6		5
4	5	7	3		6		9	
1		2	4	9	7	5		
		8		5	2		4	6
		4	2	3				8
	3			6				7
	2			4	8	3	5	1

SUDOKU - 11

1		6			9	7	8	
7			1					3
	8	2					4	
4	1	5	9	6				7
	7	8			3	4	2	
2			8	7	4	1		6
	2	1	4	9	6	3		8
9	3		7	8	5		1	2
	6	7	2		1		9	

SUDOKU - 12

6		3	4	9	2	7		5
		7	1	5	8		3	
5	9	8	6		7	1		2
	2	9	5	6	4	8		3
4	5		2					7
				7	1			4
		2				5	6	
9	6	4			5	3	7	
	7	5	3				2	9

SUDOKU - 13

Mittelschwer

	5	3	7	4				
6		4				7	3	
9	7	8		6				
4	3		9		6	8		1
1		9				5		
8		7		1	5	9		6
5	4		6	7	2			9
7	9	2	1	3	8	4	6	5
3		6		9	4		1	

SUDOKU - 14

Mittelschwer

6		7				2	3	
1	3			9	2	6		4
4	2				5	7		
	1	5		3			7	
9	4	3		8		1	2	
8		6	9	2	1	3		
	9	1	2	7			6	
7	6			1		5		
3		2		5	9	4	1	

Mittelschwer

3			4	8	5		2	
	5		1	9	2		6	4
4		1	6		3			8
				4	1		5	3
	6	3		2	7	4	8	
1		4		3	6		7	2
	1		7	6	4		3	
2	4	9		5	8			
6	3		2		9			5

SUDOKU - 16

Mittelschwer

6	2	4		5	1		9	7
3			2		9	1		6
	9		7			3	2	4
5	6	3		8			1	
8	4	9		1				
7			9			6	4	
9	8	6						
2	3		1		6	4		5
4	5	1	8		3	7	6	

SUDOKU - 17

Mittelschwer

	9	2	7	3	4	1		5
5		6	8			4		2
	4		2	6			8	3
	1	9	3			2	5	
			4		9	3	1	
			1	7	2			6
3		5	9	1		6		
			5	4	3	7	2	
9	7	4	6	2	8			1

SUDOKU - 18

Mittelschwer

4				5	1	3	9	6
6	5	9	2		3	1		
	3		4	6		5		7
2	4	6	9		5	7		
5		1	6		7	4		2
3	8	7						
8	1			9	6	2		4
	6	4	5		8	9		1
9	2		7	1	4			5

SUDOKU - 19

Mittelschwer

5					4	2	9	8
	2	9		3		4	7	
	7	6		8		3		5
3		2	7		8	6		
7	6	8		9		5		1
1	9	4	3	5	6	8		
	3					9		4
			9	4	3	1		2
9		5	8		1		6	

SUDOKU - 20

Mittelschwer

8	1	3						4
2			9		4		3	1
4	9	5		3	1			
	2	7	4	8		5		3
				1	5		2	
5		8	2	7			4	6
						6	7	
6	8	9		4	7	3	1	
		1	6	2	3	4		9

SUDOKU - 21

8		2	3	1	5		7	
9	3	4				1	8	5
5		7		9				2
4		5	1	2	7	6	3	
	7	3		6	8	4		
6		1				5	2	7
					9		4	
7			4					6
	4	8	7	5		2		9

SUDOKU - 22

9		1		2	6	7	5	8
	6	5		7		3	4	
		8		5	1	6		2
4	9			6	5		1	
	8		2	9		5		
5	2		1			9		6
8		9		1			7	3
	3	4	7	8				5
7		2			3	8	6	9

SUDOKU - 23

5	9		6		8		4	3
4	2	8		5			9	6
6		1	4	9		7		8
			1		9			
1	4	3	2	8	5		7	9
2	7	9	3	4			1	5
7	8		9		1		2	
		2			4			7
3	6	4				9	8	

SUDOKU - 24

						1	6	7
1	2		4		9			5
8	3		1			2		
	6			4	1		9	8
5				9	3	6	1	4
9	1		6	8	7			
7	4	1	8				5	6
	8		9			4		2
2	5	9		6			8	

SUDOKU - 25

8	1		7		3			5
		7	9					
	5	9	8		4			
			1	6		4	5	3
6	7			4	5	2		
5	3	4	2				7	6
	9				2	7	8	1
	6	3	4	7	8	5	2	9
	8			9	1	3	6	4

SUDOKU - 26

	5		9	3	7	1		8
8		3	2		6	7	9	4
7	2	9					6	5
3				6	9		7	
2			3		1	5	4	9
		8		7		6	1	3
				2	4			7
		2	7	1		4	8	6
	8		6				5	1

SUDOKU - 27

9	3	1	2		5	6		
4	2	5			7		3	1
		8	9			2	4	5
2	5	4	7		8	3	6	9
	6	9		5	2		7	
		3		9	4	1	5	2
	4				9			
8	9	2	5		6	4		
5			4	2			9	8

SUDOKU - 28

6	5	2	8	3		4	7	
	1	9		4		5		3
4			5	7		6	9	
3	4		1		8	9		7
9			4	2				
			3	9		1		5
2		4		1	3			8
5		7	2	8		3	1	
		8			4	2		9

SUDOKU - 29

3	4	8	6		2		5	9
							2	
		7	9	3	1		6	
		2	5		8	9		
1				4				6
5	9	4	3			2	8	1
9		1		5		6	4	7
8	7	6	1	2	4	3	9	5
4	3	5			6			

SUDOKU - 30

8	3	9	4	2		5	7	
6	4	1		5	7		8	2
		5	9	6	8	1	3	
1							9	8
	2	6						3
3			1	7	4		2	
9	8	3	7			2		
		2	8			3		7
7				1	3	8	5	9

SUDOKU - 31

				1		6		3
	9	7		8	3	1	4	
2	1	3	4		6			8
	2	1	3	7	4	8	6	5
8	4		2					7
7			8	5	1	9		4
1		4				2	7	6
	6					5	8	9
5		9				4	3	1

SUDOKU - 32

1	3			2				4
		2	7					
	8	9	4		6	7		1
		3	6	4	7	9	8	
8			3				7	
9					2	4	1	3
	2	1	5	6	3	8		9
6	5	4	1	8	9	2	3	7
			2		4	1	5	6

SUDOKU - 33

	2		5				4	
9	4	7	6	3		5	8	
5	1	3	2		4	6		9
			4	5	2	3		
	8	2		1				
			3			2	9	
				6	9	8	3	5
8			7		5	4	1	
1	5	6		4	3		2	7

SUDOKU - 34

			9	3	2			5
9			5			1		4
	6			4			3	
4	9			5		8	2	
3							6	7
	5	7	6	1	8	4		
5	3	9			4			
6		2	1	9	5			8
8	4			7	6	2	5	9

SUDOKU - 35

7	5	1	4	3			2	8
	8			5	6			9
9	4		8				5	7
4		7		8	5			1
8		5			1		7	
6			2	4			3	5
	7	8	5	6	3		9	2
	6	4	9		8	5	1	
5		3			4	7		6

SUDOKU - 36

3	2			6				7
6		8	5	3	7		1	2
9	7	5	2		4	8	3	6
2				5	9	3	8	
		3	8		2			
				7				5
4		2	7	9		6	5	8
5	8			2	1	4	7	3
7	3	6	4					1

SUDOKU - 37

		5	1	3	2	6	7	
	1		8	4	7		2	
7		4	5				1	8
					1			2
2	3	9		6	4	8	5	1
				8	9	4	6	
6	9	2	4	7			3	5
		1		2				7
	7	3	9	1	5			

SUDOKU - 38

		3	6	9	4	7	5	8
7	8			5	3		6	
6		9	8	7	2	4	3	1
	6			2	7		4	9
		1		8	9	6	2	
			4				7	
8	2	5		4			9	6
1		6	9					7
3	9		2		8		1	

SUDOKU - 39

6	4			5		7		
3	8			4	6	9		1
		1				6		2
8	9		2	7	4	5	1	
2		6		3	5	8	7	
4			6		8	3	2	
		8		6	7		9	
	2	4			3	1		
		5	8	2	1	4		7

SUDOKU - 40

		4	8			7	6	5
1	3	8	5	6	7	9	2	4
6	5	7	2			3	8	
	1		6		4	8		2
			7		8			6
		6	1	3	2		5	
		1	4	8		2		7
9		2		7		5	1	8
8		5		2	1			

SUDOKU - 41

	1	6	4	2	5		3	9
	4		1				7	
5		2		3			4	6
						3	9	
2	6	5		7		4		
9	3	8			4		2	
4		1	2		8	7	6	
6				4	1	9		8
3					6	2	1	4

SUDOKU - 42

5		1		7	4		6	
3			6	5	8			
	8	6	3			5	4	
4	5	9	7	8	2			
6		2			3	7		5
8	3					4		9
9	2		4		7			
1	6			2	9	3		4
			1	3		2	9	6

SUDOKU - 43

	6	1						8
2		9	3	4	8		6	
	4	3	7	1		5		
	2		9			4		5
6					7	9	1	3
9	3	4	8	5	1	2	7	
3	1	8	2	7	5	6	9	4
		6		3	9	8	5	
5			6					1

SUDOKU - 44

6	3	8		4	7	2		9
4			3	2		6		
2	7	1		6		3	5	4
1	2				6	5		3
	6	4	9	3	5	7		
		9	7					
		2			4		3	7
				5	8		6	2
9			2	7		4	8	

SUDOKU - 45

	4		8		3	9	5	
3		9	5		6	4	7	2
		6	2			1		
	3		7					8
6	1	8						
	2	7		6	8			1
	7	1	6	3	2	8		
		3		4		2	1	
	9			8	5	3	6	7

SUDOKU - 46

9	3	8	4		5	2		6
7	1	5	8		2			
	2		9				7	5
5	9	3	2			7	6	1
	6	1					2	
2				1	6	5	8	9
1	8	9			3	6	4	
	7	6		2	9	3		
3		2	6	8			9	7

SUDOKU - 47

2	5		1	4			6	3
9	3	4			7	5	1	8
7	1	6		3			9	2
1		9	5			6		
8	7	5	3		6	1		4
	6	3	7		2	8	5	9
		1					8	5
			6	2		3		1
3						1	9	

SUDOKU - 48

		8				5		
7				6	1	2		8
1	5	4			8	3	6	9
2	8			5		6	7	1
	7	1			6	4	8	
4	3	6			7			
3	4	5		7	2	1	9	6
9	6	7					3	2
			6	3	9			

SUDOKU - 49

6	3						8	9
4	7	2	3	9	8			
		9			1	3	7	2
5		7	2		3	9		
	9	8		6				
			5	7		1		
7		3	5	1	9	2	6	4
1			4		6	7	9	
9	6	4	8	7	2			

SUDOKU - 50

9	4	8	5	1		2		
	6		9		4	7	5	
7			3	6	2	8		
6		3	1	2	9	5	4	8
2			6	3	5	9	1	7
5	1	9	7		8		6	
4						6	8	
1			8					5
8	9	7	4				2	

SUDOKU - 1

	7	5					1	4
			1	5		9		
		9			4	6	5	7
	2		9					
	8				2	7	6	9
		6		7		8	2	5
6		4					8	1
7			4		6	5		2
	5		8	1		4	7	6

SUDOKU - 2

	5	6	8		4	3	7	2
				3	6	1		
3		4				6	9	
		3		6		5	4	
				8		7		
7	6	2			5			9
			6			9	1	5
		9	7		1	4		
	8	1			3		6	7

SUDOKU - 3

Schwer

7		2	6	3	5	9		1
	6					2	3	
			1	7				
	5		3	2			6	4
6	1		8			3	9	2
3		5	2		6		4	
4	8	9	5	1				
1	2			9			7	8

SUDOKU - 4

Schwer

	7	2	8			3		
9		6	2			4	5	8
	3		5		9	2	6	
	8	7		6	1		3	5
					3		2	
	4	5			2			
		4		9			8	3
8	9				4			2
7	5	1			8		4	

SUDOKU - 5

3		9		7	2		4	5
				6	5		7	9
4	7			8		6		
			8	2	1	4		
8					7		3	
7	9		5		6	1		8
	8		7				9	
6			2	9				3
		7		1			8	4

SUDOKU - 6

	8			9	1	3	6	
1				8				9
9			5		3		1	
		1	7	5	9	6		
5		6	3				9	
4	9	3	6		8	2	5	7
3		8		6				1
	5				2	4		
							7	3

SUDOKU - 7

	9		8				6	
8			9		7			
5	4	1		3		7	9	
1	8	5		9	4		3	
					3	8		1
	2		1	6	8			
	1			5	2		8	3
		8			9		2	
2	6	3		8		5		

SUDOKU - 8

7		3	1		4		5	
8						9		
5	1		6		9			
	8	4				5		9
	7		5	4		2		3
		5	3		8			7
1			4	3		8	7	
	5		8		2		9	
6	3		9	7		4		

SUDOKU - 9

2		3	6		7			
9		7		2	1			6
	5			9	3		7	2
8	3		9		6		2	
5				3			1	9
7		9			8		6	
1			4	6			3	
	7	6	3					
		8			2	6		4

SUDOKU - 10

3	5			9		1	8	
	9				1	3		6
2	6		4	8				7
	7		1			8		
4	2			3	5		1	
1	3	8		4		2		
5	8	2	6	1				
	1	9	3				2	8
6			2		8	9		

SUDOKU - 11

8		6					5	
			2			7		9
9		4	3	5			1	2
	4	2			5	9		8
	5		4			1	7	6
6	8		7			2	4	
2	1		6	3				
			8			4		1
4		7	5		9			

SUDOKU - 12

9					1	8	7	
	8	3				2	1	
4	1	7	8		3			5
	2	6	3	4				
8	5		7	9	2		3	6
		9		1			8	
		1	2	8		7	5	
7								
2				7	5	3	4	1

SUDOKU - 13

	8		6	1	3		9	4
	3		9				2	
		9			4	8		1
	9		7				1	
7	1	3	2					
		8		3	5	9	7	6
		1		9	2		4	7
		2	4		6			
	4		3			2	6	

SUDOKU - 14

		1	5	8	4	3		
8			7		6		4	
5	4			2	9		8	
9				5	7			
4		5		9				2
3				6		5	9	
		6					5	
1	8		2	7			6	
2				4	3	8	7	1

SUDOKU - 15

			4			8	1	6
4		7			1		3	
		5		8			9	4
		1	5					
7		2	6	1	4	9	5	8
8	5	4	7	9			6	3
3			8		9		4	7
			3	5	7			
							2	

SUDOKU - 16

4		7		1			8	6
			4	6	5		7	3
		9		7				
	6	1	8				3	9
	7			9	6			2
		8	1		7			
1		5				6	9	7
2			7	8	9		5	1
7		3	6		1	2	4	

SUDOKU - 17

Schwer

			4	6	1	8		3
6	1		2					
8	5			7		1		6
		7	3			5		4
		9	7	1		6		
					4			
7	2	1	6	4				5
			1				6	2
4	3	6		8		7	1	9

SUDOKU - 18

Schwer

	5	2	4	8		7	3	
7			3	6		4		5
	9	3	7			6	2	
9	1	8		4			6	
3	2		6	1			8	4
						1	7	2
		9					5	
8				3		2		
						8	4	7

SUDOKU - 19

5			4	7				
4		9		3			5	
2					6			
1	5		2		7	9	8	
		4			8			2
		6	5	1	9	3	7	
	4		7					8
	7		1	2	3	4	9	
			6		4	7	2	3

SUDOKU - 20

8		7		2	6			
9		2	7	1		3		
6		5		9		1	7	
		8	5		9			
1	6	3	8				5	4
2	5			4			3	
	2				3	5		8
3							2	9
	9	1			7	6	4	

Schwer

								8
9	8	5				1	3	
4	2							9
8	9	1		3			4	
7		2	5	4		8		1
		4			9			
	1	9	7	2		3	6	4
2	4	8	3	6			1	
	7				4	5	8	2

Schwer

3		6	5		4		2	9
8					7			
2	4		3				5	
			7	3		4		
7		9		4	6			
4		8						
5	1				3			2
6	8	7	9	5		3		
9	2	3			1	7	8	5

SUDOKU - 23

6		3	2		8			4
		7					8	3
8	5			4	3			
3					5		4	7
	6	2		7			3	
4				3	9		6	
1				5	2		7	
	3		4	8			2	9
	2	5		6	7			8

SUDOKU - 24

3	7			8	4	5	9	
				5	7	6		3
1	5		9	3	6			4
8	1		3			4	6	
6			7	4	5			
5		9		6				2
7	6	1			3	8	4	
	3			7	8		5	6
4	8		6				3	

SUDOKU - 25

3				1	8		5	
8		1		5	9		4	7
	5	9	4	3			6	
9				4		1	2	
5		2	9			4		
		3			6		9	
			7	9	2		1	
	2	5	3		4			
7		8		6			3	

SUDOKU - 26

	2	5						8
		4	5			7		
1		8	2	3			5	4
4	6	1					9	7
		7	6	9		5		1
3		9	7	8		4	6	
						2	4	3
		3	8		6	1		
			1		3			6

SUDOKU - 27

	9		7	3	5	4		1
		5			9			6
2	3			1		9	5	8
		3		4			9	
5					7			2
	1			6	2		8	
	8	1				2		
			2	9		5		3
3	5		1	7	4		6	

SUDOKU - 28

1	4	8		2			7	
		2		6	8			
			5			1		
3	1		6	7	5	9	2	8
		7				5	1	6
			2	1		4		
					1	7		9
5	6		7	9	2			3
8		9	4				5	1

SUDOKU - 29

4				1			8	2
		9			2		6	3
		2	3	9		5	7	4
	7	4						
5	3	8	9	7		6		
	9	6	1	8				7
			7		1	4	9	8
			6	2	8			
3						2		6

SUDOKU - 30

	4		1	8				7
3					2	9	4	1
2		1	9	4	6		3	8
8				5	1	6		
9	5	7						
			2					5
1						7		
7		4				8	2	3
6	8	2	7		9			4

SUDOKU - 31

		4		3		9	6	2
	2					1	3	7
3				1		4	8	5
5		8	1	2	9		7	
7		2	3			5	1	
1	9		4	7	5			
		1			2			
	5		8				4	1
4			7	5				3

SUDOKU - 32

2			3			1	6	
5		1			2		8	
	6		9	1	7	5	2	
1	9	3			6	4	7	
6			8					1
	8					2		6
	1					6	4	
		6	5				1	3
			6		1	7	9	5

SUDOKU - 33

		8					2	
5		2				4		
1			9			7		6
3		4	8	6				
7	8	9				6	4	2
		6		9	7		3	1
9		1	2		6			8
4				1	8		9	
8				5		1	6	4

SUDOKU - 34

6		3				7	1	
			6		8		3	2
8	7		5		1		4	
2		4				3		1
		5	8		3	2		
	9	7		1				
4	3		1	2		8		
7		6	9		4	1		
	1		3			4	2	

SUDOKU - 35

Schwer

4	2		9				8	
			2		6	1	7	3
	6	7		1	8	9		
		4		5				
	8	2		9		5	6	
9				8			4	2
5	1	8	3	2			9	6
				7				8
	7	9		6		4		

SUDOKU - 36

Schwer

					1			5
				4	5	7		
6	5	2		8		4		1
4		7	1		2			8
	8	3		6		1		
2	1	6		3			4	
7	2	8	5	1	4	9	6	
3		1						7
			8	7		2		

SUDOKU - 37

8	5			2	1	4	6	7
	1		4	3		8		
	7		5	8				1
3				6			9	
	8	6	3	1	5			4
7		5					1	
5		8		7		3		2
	9			4			5	
	3	7				2	1	

SUDOKU - 38

	8	1		3		7		
5		7					9	1
4	9							
7			8	5	2	6	3	4
			3	9	4		1	
		4	7	6	1	8	2	
	3			4	7			2
		5		2		1		
8			9				5	6

SUDOKU - 39

Schwer

1	3	7			9			2
6		2	7			8	9	
	5			6	4	7	1	
		1		3				
			9		6	3		
3			4		1	6	7	9
	9			7		1		8
	8	3	1		2	9	5	
		6						7

SUDOKU - 40

Schwer

6			4			7	9	1
	5	7	2		1			
					8			4
2	7		8		6			
		5	3	2				
8		1				2	3	
				6	2	1	4	3
7	2			3	4	9	8	5
	3		5			6		2

SUDOKU - 41

Schwer

		2			6		8	4
	4	5	8					
6	9				5		3	7
5		1						
	7		3				1	5
9	6		5	2	1	7	4	
4			7	1			5	3
	1	9		5			7	2
	5		2	8		9		1

SUDOKU - 42

Schwer

1		9						
				2		3	1	
8	2		5	1			4	
5	1	8				2		
6				3			5	8
		7	2			9	6	
2	8	1	3				9	7
		6		5	7	1	2	4
4		5			2	8		

SUDOKU - 43

Schwer

1	9	8	7		2	3		6
	7	3	5	6				
		6	1	3	8	2	9	
		9	6		5			
	8	4	3	2	7	1	6	
6			4					
				5	6	8	2	3
					3			
	3	2				6	1	

SUDOKU - 44

Schwer

				2	3	9	8	
8	1				9	3		
				7		1	2	6
7			4		1	5		
9	4	3			7			1
1		5	3				4	
	5				6	8		7
6	8				5		9	
	9	1		4	8		5	

SUDOKU - 45

	1		4					
3		8	9		6		2	
2	9	6				4		
	3			4	9		7	
		2			1	3		4
	6	7		3	2		9	
	2		6	5			4	3
	7	3			4			8
	5	4		1		9	6	

SUDOKU - 46

	4				6	5	9	8
5		6	3	8	1	2	4	
2		8		4	5	3		1
	8		1	6				5
6	1							3
					9			
		7		9	4			
	6	5	2		7			
9			5	3			7	4

SUDOKU - 47

Schwer

		1	4	9				
		3	2	1		9	4	6
	4			7	6	3		
	5		8	6			3	
3			1		9	7	6	5
1			3		7		2	
7			6	8				
			9		5		7	8
8		5	7		2			

SUDOKU - 48

Schwer

			2	1			6	5
		2	6	9			8	3
			8	5	4	2		
6	2	3			8	1	4	9
			3	4	9	6		
4	7			2	6		3	8
		1	7	8			5	
3						8	2	7

SUDOKU - 49

9	7				1		2	
	4	8	9	7	2	1		5
	1	2				4	9	
3	8	9	7	1				
	6		4	2	5	9		3
		5					7	1
		4			9	7		2
			8			5	4	
7	9		2	5				8

SUDOKU - 50

		3	5	7		8		
4	1	8			3	2	7	5
				8	2	3		9
1	4			9		5	3	
	8	5	6			9		
3			1			6	8	4
			3				5	
		1			9			3
	3		7		5			8

Lösungen

SUDOKU - 1 (Lösung)

Leicht

8	4	2	5	6	3	1	7	9
3	9	1	2	8	7	5	6	4
5	7	6	9	1	4	2	8	3
9	1	4	3	7	2	6	5	8
6	2	5	4	9	8	3	1	7
7	8	3	1	5	6	4	9	2
4	6	8	7	2	5	9	3	1
1	3	7	6	4	9	8	2	5
2	5	9	8	3	1	7	4	6

SUDOKU - 2 (Lösung)

Leicht

2	4	7	8	6	5	3	9	1
6	9	5	3	1	7	8	2	4
8	1	3	4	9	2	5	6	7
3	2	4	7	8	6	1	5	9
5	6	9	2	3	1	4	7	8
1	7	8	5	4	9	6	3	2
9	3	1	6	7	8	2	4	5
4	8	2	9	5	3	7	1	6
7	5	6	1	2	4	9	8	3

SUDOKU - 3 (Lösung)

Leicht

8	9	1	5	6	3	7	4	2
3	2	6	8	7	4	1	9	5
7	5	4	9	1	2	6	8	3
2	1	5	6	4	9	3	7	8
9	4	7	2	3	8	5	1	6
6	8	3	7	5	1	9	2	4
1	7	2	3	8	5	4	6	9
4	3	9	1	2	6	8	5	7
5	6	8	4	9	7	2	3	1

SUDOKU - 4 (Lösung)

Leicht

7	9	5	2	3	6	4	8	1
2	8	3	9	1	4	6	5	7
6	4	1	8	5	7	9	3	2
3	5	2	4	8	1	7	9	6
9	7	6	5	2	3	8	1	4
8	1	4	7	6	9	5	2	3
5	3	7	1	4	8	2	6	9
1	2	9	6	7	5	3	4	8
4	6	8	3	9	2	1	7	5

SUDOKU - 5 (Lösung)

Leicht

4	7	8	6	2	5	3	1	9
6	3	9	7	8	1	5	4	2
1	5	2	3	9	4	7	6	8
3	9	5	8	4	6	2	7	1
2	1	4	5	3	7	9	8	6
8	6	7	9	1	2	4	3	5
5	4	1	2	6	3	8	9	7
9	2	3	1	7	8	6	5	4
7	8	6	4	5	9	1	2	3

SUDOKU - 6 (Lösung)

Leicht

5	6	4	2	8	9	1	7	3
9	1	8	4	3	7	6	2	5
3	2	7	6	1	5	8	9	4
4	8	5	1	6	2	9	3	7
2	3	1	7	9	8	4	5	6
6	7	9	3	5	4	2	8	1
8	9	3	5	4	1	7	6	2
1	5	2	8	7	6	3	4	9
7	4	6	9	2	3	5	1	8

SUDOKU - 7 (Lösung)

Leicht

1	2	6	7	8	4	9	5	3
8	5	3	9	2	1	7	6	4
4	7	9	3	6	5	8	2	1
2	4	7	6	3	8	1	9	5
9	6	8	1	5	2	4	3	7
5	3	1	4	7	9	2	8	6
6	8	2	5	4	7	3	1	9
7	1	5	8	9	3	6	4	2
3	9	4	2	1	6	5	7	8

SUDOKU - 8 (Lösung)

Leicht

6	5	4	7	2	1	8	9	3
9	7	8	3	4	5	1	2	6
1	3	2	8	6	9	7	4	5
8	4	6	5	1	2	9	3	7
5	9	3	6	7	8	4	1	2
2	1	7	4	9	3	6	5	8
3	6	5	1	8	4	2	7	9
7	2	1	9	3	6	5	8	4
4	8	9	2	5	7	3	6	1

SUDOKU - 9 (Lösung)

Leicht

1	2	6	4	7	9	8	3	5
8	9	4	2	3	5	7	6	1
3	5	7	6	8	1	4	9	2
6	7	8	1	9	2	5	4	3
2	1	5	7	4	3	9	8	6
9	4	3	8	5	6	1	2	7
7	6	2	9	1	4	3	5	8
4	3	1	5	2	8	6	7	9
5	8	9	3	6	7	2	1	4

SUDOKU - 10 (Lösung)

Leicht

6	9	1	8	4	3	5	7	2
2	7	4	5	1	6	9	3	8
3	5	8	2	7	9	6	4	1
4	6	7	1	2	5	8	9	3
8	2	3	7	9	4	1	5	6
5	1	9	6	3	8	4	2	7
7	8	2	9	5	1	3	6	4
9	4	6	3	8	7	2	1	5
1	3	5	4	6	2	7	8	9

SUDOKU - 11 (Lösung)

Leicht

3	4	5	8	1	6	9	2	7
1	2	9	4	7	5	8	6	3
6	8	7	9	3	2	5	1	4
4	7	6	5	8	1	2	3	9
5	1	2	3	6	9	4	7	8
8	9	3	7	2	4	6	5	1
7	5	4	6	9	3	1	8	2
2	6	8	1	4	7	3	9	5
9	3	1	2	5	8	7	4	6

SUDOKU - 12 (Lösung)

Leicht

6	8	3	2	7	5	4	9	1
2	7	1	9	3	4	8	6	5
5	9	4	6	8	1	2	7	3
1	5	6	4	2	3	9	8	7
8	4	9	7	1	6	3	5	2
3	2	7	8	5	9	6	1	4
7	6	8	5	4	2	1	3	9
9	3	2	1	6	7	5	4	8
4	1	5	3	9	8	7	2	6

SUDOKU - 13 (Lösung)

Leicht

8	3	7	2	5	4	6	1	9
9	1	5	7	3	6	8	4	2
4	2	6	9	8	1	5	3	7
1	8	4	5	7	3	2	9	6
7	5	2	1	6	9	4	8	3
6	9	3	4	2	8	7	5	1
3	4	8	6	9	7	1	2	5
2	7	1	3	4	5	9	6	8
5	6	9	8	1	2	3	7	4

SUDOKU - 14 (Lösung)

Leicht

7	8	4	6	9	1	5	3	2
1	6	3	8	2	5	9	7	4
9	2	5	7	3	4	8	1	6
2	7	1	4	8	6	3	5	9
8	5	9	2	1	3	4	6	7
4	3	6	5	7	9	1	2	8
5	9	8	1	6	2	7	4	3
3	1	2	9	4	7	6	8	5
6	4	7	3	5	8	2	9	1

SUDOKU - 15 (Lösung)

Leicht

4	6	3	5	9	7	8	2	1
5	1	7	2	3	8	9	4	6
8	2	9	4	1	6	3	5	7
7	5	1	3	2	4	6	9	8
3	8	2	9	6	5	1	7	4
6	9	4	8	7	1	2	3	5
1	3	6	7	5	2	4	8	9
2	7	8	6	4	9	5	1	3
9	4	5	1	8	3	7	6	2

SUDOKU - 16 (Lösung)

Leicht

3	7	2	6	4	9	1	5	8
6	4	9	1	8	5	3	7	2
1	8	5	3	2	7	4	6	9
4	1	7	8	6	2	5	9	3
5	3	6	9	7	4	8	2	1
9	2	8	5	3	1	6	4	7
8	5	1	2	9	6	7	3	4
7	9	3	4	5	8	2	1	6
2	6	4	7	1	3	9	8	5

SUDOKU - 17 (Lösung)

Leicht

1	4	3	7	2	6	9	8	5
8	2	6	9	4	5	1	3	7
7	9	5	8	1	3	6	4	2
2	1	9	5	3	4	8	7	6
6	3	8	1	7	2	4	5	9
5	7	4	6	8	9	3	2	1
3	8	1	2	6	7	5	9	4
9	6	7	4	5	8	2	1	3
4	5	2	3	9	1	7	6	8

SUDOKU - 18 (Lösung)

Leicht

4	7	5	2	8	1	9	3	6
8	9	6	7	5	3	1	2	4
1	2	3	4	9	6	7	8	5
5	8	1	6	7	4	3	9	2
6	4	9	8	3	2	5	1	7
7	3	2	9	1	5	4	6	8
3	1	4	5	6	8	2	7	9
2	6	7	1	4	9	8	5	3
9	5	8	3	2	7	6	4	1

SUDOKU - 19 (Lösung)

Leicht

8	2	3	6	5	4	9	1	7
7	1	4	9	3	8	6	2	5
9	6	5	2	1	7	8	4	3
1	5	8	3	2	9	7	6	4
2	7	6	8	4	5	3	9	1
4	3	9	7	6	1	5	8	2
5	4	7	1	9	6	2	3	8
6	8	2	4	7	3	1	5	9
3	9	1	5	8	2	4	7	6

SUDOKU - 20 (Lösung)

Leicht

9	5	7	6	8	3	2	1	4
6	1	2	7	4	5	3	8	9
8	3	4	1	2	9	7	5	6
3	4	8	5	7	1	6	9	2
1	6	5	9	3	2	4	7	8
7	2	9	8	6	4	5	3	1
2	7	1	4	5	8	9	6	3
5	9	3	2	1	6	8	4	7
4	8	6	3	9	7	1	2	5

SUDOKU - 21 (Lösung)

Leicht

6	5	1	4	7	2	8	9	3
8	9	4	6	5	3	2	1	7
2	7	3	8	1	9	5	6	4
7	8	6	1	4	5	9	3	2
1	3	9	2	8	7	4	5	6
5	4	2	9	3	6	7	8	1
3	1	8	7	9	4	6	2	5
4	2	5	3	6	8	1	7	9
9	6	7	5	2	1	3	4	8

SUDOKU - 22 (Lösung)

Leicht

7	3	9	4	8	6	5	2	1
4	1	6	5	7	2	3	9	8
8	5	2	9	3	1	4	6	7
5	6	7	1	2	9	8	4	3
3	2	1	6	4	8	7	5	9
9	8	4	7	5	3	6	1	2
1	4	3	2	6	7	9	8	5
2	7	5	8	9	4	1	3	6
6	9	8	3	1	5	2	7	4

SUDOKU - 23 (Lösung)

Leicht

6	9	1	4	8	5	7	2	3
7	5	3	9	1	2	4	6	8
4	2	8	3	6	7	5	9	1
3	6	2	5	4	1	8	7	9
1	8	7	2	9	3	6	5	4
5	4	9	8	7	6	3	1	2
9	7	6	1	3	4	2	8	5
8	3	5	6	2	9	1	4	7
2	1	4	7	5	8	9	3	6

SUDOKU - 24 (Lösung)

Leicht

7	5	8	6	4	9	1	2	3
9	4	2	1	3	8	7	5	6
1	3	6	2	7	5	8	4	9
4	9	7	8	2	3	5	6	1
3	8	5	9	6	1	4	7	2
2	6	1	7	5	4	9	3	8
6	2	9	5	1	7	3	8	4
8	7	4	3	9	2	6	1	5
5	1	3	4	8	6	2	9	7

SUDOKU - 25 (Lösung)

7	4	6	9	1	8	5	2	3
8	1	5	3	4	2	9	7	6
9	2	3	6	5	7	8	1	4
2	9	1	8	3	4	7	6	5
5	8	7	1	9	6	3	4	2
6	3	4	7	2	5	1	9	8
4	5	8	2	7	1	6	3	9
3	7	2	5	6	9	4	8	1
1	6	9	4	8	3	2	5	7

SUDOKU - 26 (Lösung)

6	8	2	1	4	9	5	3	7
1	3	5	2	8	7	4	6	9
9	4	7	3	6	5	8	2	1
7	2	3	8	9	1	6	5	4
8	9	1	6	5	4	3	7	2
5	6	4	7	2	3	9	1	8
4	7	6	9	3	2	1	8	5
2	5	8	4	1	6	7	9	3
3	1	9	5	7	8	2	4	6

SUDOKU - 27 (Lösung)

Leicht

3	4	2	7	9	8	5	1	6
1	7	6	4	5	2	9	3	8
8	9	5	1	3	6	2	7	4
6	2	1	9	4	5	3	8	7
4	3	8	2	6	7	1	9	5
7	5	9	3	8	1	4	6	2
5	8	3	6	1	4	7	2	9
9	6	7	5	2	3	8	4	1
2	1	4	8	7	9	6	5	3

SUDOKU - 28 (Lösung)

Leicht

1	8	6	2	5	9	4	3	7
4	7	2	1	8	3	9	6	5
5	3	9	6	7	4	8	2	1
6	9	4	7	2	8	1	5	3
3	5	1	4	9	6	7	8	2
8	2	7	3	1	5	6	4	9
2	4	5	9	6	7	3	1	8
9	6	8	5	3	1	2	7	4
7	1	3	8	4	2	5	9	6

SUDOKU - 29 (Lösung)

Leicht

3	1	2	9	5	6	4	8	7
4	8	5	2	1	7	6	9	3
6	9	7	4	3	8	5	2	1
8	2	4	5	9	3	7	1	6
7	3	9	8	6	1	2	5	4
5	6	1	7	4	2	8	3	9
1	5	8	6	7	9	3	4	2
2	7	3	1	8	4	9	6	5
9	4	6	3	2	5	1	7	8

SUDOKU - 30 (Lösung)

Leicht

3	4	7	5	6	9	1	8	2
5	6	1	8	2	3	4	7	9
2	8	9	7	1	4	3	5	6
7	1	3	9	8	2	6	4	5
9	2	6	4	3	5	7	1	8
8	5	4	1	7	6	9	2	3
4	3	2	6	5	1	8	9	7
1	7	5	3	9	8	2	6	4
6	9	8	2	4	7	5	3	1

SUDOKU - 31 (Lösung)

Leicht

7	5	3	8	9	2	1	6	4
8	1	9	3	4	6	7	2	5
2	6	4	1	7	5	9	8	3
5	4	2	9	8	7	3	1	6
9	3	6	2	5	1	4	7	8
1	8	7	4	6	3	5	9	2
6	2	5	7	1	4	8	3	9
4	9	1	6	3	8	2	5	7
3	7	8	5	2	9	6	4	1

SUDOKU - 32 (Lösung)

Leicht

1	3	4	8	9	7	2	5	6
5	8	7	3	2	6	9	1	4
9	2	6	4	5	1	7	3	8
3	7	9	2	1	4	8	6	5
2	1	5	7	6	8	4	9	3
6	4	8	5	3	9	1	7	2
7	6	3	9	4	2	5	8	1
8	5	2	1	7	3	6	4	9
4	9	1	6	8	5	3	2	7

SUDOKU - 33 (Lösung)

Leicht

3	8	2	4	7	1	5	9	6
9	7	6	2	5	8	1	4	3
5	4	1	9	3	6	2	7	8
4	5	7	8	2	3	9	6	1
1	3	9	5	6	7	8	2	4
2	6	8	1	4	9	3	5	7
7	1	3	6	9	5	4	8	2
6	9	4	3	8	2	7	1	5
8	2	5	7	1	4	6	3	9

SUDOKU - 34 (Lösung)

Leicht

5	6	9	1	3	4	8	7	2
7	1	4	2	5	8	3	9	6
2	3	8	9	6	7	5	1	4
8	5	3	7	4	6	9	2	1
6	2	7	8	9	1	4	3	5
9	4	1	3	2	5	6	8	7
4	9	2	5	1	3	7	6	8
1	7	6	4	8	9	2	5	3
3	8	5	6	7	2	1	4	9

SUDOKU - 35 (Lösung)

Leicht

1	3	7	9	4	8	5	6	2
9	8	2	1	5	6	3	4	7
6	5	4	3	7	2	8	9	1
5	9	8	6	3	7	1	2	4
4	6	3	2	9	1	7	5	8
7	2	1	5	8	4	9	3	6
8	1	5	4	2	9	6	7	3
2	7	9	8	6	3	4	1	5
3	4	6	7	1	5	2	8	9

SUDOKU - 36 (Lösung)

Leicht

2	1	5	9	4	7	8	6	3
6	9	4	8	2	3	1	7	5
7	8	3	6	5	1	9	4	2
3	2	8	7	6	5	4	1	9
5	4	1	2	8	9	6	3	7
9	6	7	1	3	4	2	5	8
4	5	9	3	1	2	7	8	6
1	7	6	5	9	8	3	2	4
8	3	2	4	7	6	5	9	1

SUDOKU - 37 (Lösung)

8	6	4	5	9	1	7	2	3
9	2	1	8	3	7	5	6	4
7	3	5	4	6	2	1	8	9
5	7	2	1	4	8	9	3	6
3	8	9	2	7	6	4	5	1
1	4	6	3	5	9	2	7	8
4	9	8	7	2	3	6	1	5
6	1	7	9	8	5	3	4	2
2	5	3	6	1	4	8	9	7

SUDOKU - 38 (Lösung)

7	5	1	3	2	8	9	4	6
9	6	4	5	7	1	8	3	2
8	2	3	6	4	9	7	1	5
2	8	5	1	3	6	4	9	7
4	7	6	8	9	2	1	5	3
3	1	9	4	5	7	6	2	8
5	9	8	7	1	3	2	6	4
6	4	2	9	8	5	3	7	1
1	3	7	2	6	4	5	8	9

SUDOKU - 39 (Lösung)

Leicht

2	3	6	7	4	5	8	9	1
8	4	5	2	9	1	6	7	3
9	7	1	3	8	6	4	5	2
3	6	8	5	7	2	1	4	9
5	1	2	9	6	4	3	8	7
4	9	7	8	1	3	2	6	5
6	8	3	1	5	7	9	2	4
7	2	4	6	3	9	5	1	8
1	5	9	4	2	8	7	3	6

SUDOKU - 40 (Lösung)

Leicht

8	7	6	9	4	1	3	2	5
2	5	1	6	7	3	9	4	8
3	4	9	8	2	5	7	6	1
1	3	5	4	9	6	2	8	7
7	2	4	1	5	8	6	9	3
9	6	8	7	3	2	5	1	4
4	8	7	3	6	9	1	5	2
5	9	3	2	1	4	8	7	6
6	1	2	5	8	7	4	3	9

SUDOKU - 41 (Lösung)

Leicht

9	2	4	8	7	3	1	6	5
7	8	3	1	6	5	2	9	4
5	6	1	2	9	4	3	8	7
1	5	6	3	8	2	4	7	9
3	4	8	7	1	9	6	5	2
2	9	7	4	5	6	8	3	1
8	1	5	6	4	7	9	2	3
6	3	9	5	2	1	7	4	8
4	7	2	9	3	8	5	1	6

SUDOKU - 42 (Lösung)

Leicht

6	5	1	3	2	8	9	4	7
3	4	2	1	7	9	6	5	8
7	9	8	4	5	6	2	1	3
2	7	6	8	9	4	5	3	1
8	3	9	2	1	5	4	7	6
4	1	5	6	3	7	8	2	9
9	6	7	5	4	1	3	8	2
5	8	3	7	6	2	1	9	4
1	2	4	9	8	3	7	6	5

SUDOKU - 43 (Lösung)

Leicht

8	9	7	4	3	5	1	6	2
2	3	4	8	6	1	5	9	7
1	6	5	7	9	2	4	8	3
6	4	8	1	5	7	3	2	9
5	1	9	3	2	8	6	7	4
3	7	2	9	4	6	8	5	1
4	2	3	5	8	9	7	1	6
7	5	6	2	1	4	9	3	8
9	8	1	6	7	3	2	4	5

SUDOKU - 44 (Lösung)

Leicht

3	4	1	9	7	2	5	8	6
6	7	5	4	1	8	3	9	2
9	2	8	3	5	6	7	4	1
8	5	6	7	2	3	4	1	9
7	9	2	8	4	1	6	3	5
4	1	3	5	6	9	2	7	8
2	3	7	1	8	5	9	6	4
5	8	9	6	3	4	1	2	7
1	6	4	2	9	7	8	5	3

SUDOKU - 45 (Lösung)

Leicht

3	5	9	6	4	8	2	7	1
7	6	8	2	5	1	3	4	9
1	4	2	9	7	3	6	8	5
2	8	4	7	3	9	5	1	6
5	3	6	4	1	2	8	9	7
9	7	1	8	6	5	4	2	3
8	1	7	3	2	6	9	5	4
4	2	3	5	9	7	1	6	8
6	9	5	1	8	4	7	3	2

SUDOKU - 46 (Lösung)

Leicht

1	5	4	9	8	3	7	6	2
2	9	7	6	4	1	3	5	8
3	6	8	2	5	7	4	9	1
8	4	3	5	2	6	9	1	7
9	2	5	7	1	4	8	3	6
6	7	1	8	3	9	2	4	5
7	8	6	3	9	5	1	2	4
4	3	2	1	6	8	5	7	9
5	1	9	4	7	2	6	8	3

SUDOKU - 47 (Lösung)

Leicht

5	4	6	9	3	7	1	2	8
2	3	9	1	8	5	6	7	4
8	7	1	2	6	4	5	9	3
1	2	5	8	7	3	4	6	9
9	8	7	6	4	1	3	5	2
3	6	4	5	9	2	7	8	1
7	5	8	3	1	9	2	4	6
6	1	2	4	5	8	9	3	7
4	9	3	7	2	6	8	1	5

SUDOKU - 48 (Lösung)

Leicht

8	1	3	7	6	2	9	4	5
9	7	5	1	8	4	3	2	6
4	2	6	5	9	3	7	8	1
7	4	2	8	3	6	5	1	9
1	3	8	9	4	5	2	6	7
6	5	9	2	1	7	4	3	8
5	8	1	4	2	9	6	7	3
3	9	4	6	7	1	8	5	2
2	6	7	3	5	8	1	9	4

SUDOKU - 49 (Lösung)

Leicht

5	7	2	8	4	3	9	6	1
9	1	6	2	5	7	4	8	3
4	3	8	6	1	9	5	2	7
8	4	7	9	2	6	3	1	5
6	2	5	7	3	1	8	4	9
1	9	3	4	8	5	2	7	6
2	5	9	1	6	4	7	3	8
3	8	1	5	7	2	6	9	4
7	6	4	3	9	8	1	5	2

SUDOKU - 50 (Lösung)

Leicht

7	6	9	8	5	4	1	2	3
5	4	1	2	3	9	8	7	6
3	8	2	1	6	7	5	4	9
1	9	6	5	2	3	4	8	7
8	7	3	9	4	1	2	6	5
4	2	5	6	7	8	3	9	1
9	3	4	7	8	5	6	1	2
2	1	8	3	9	6	7	5	4
6	5	7	4	1	2	9	3	8

SUDOKU - 1 (Lösung)

Mittelschwer

4	3	1	6	5	2	9	7	8
2	8	5	4	9	7	3	1	6
9	6	7	1	3	8	5	2	4
1	9	4	5	2	3	8	6	7
8	5	2	7	6	1	4	9	3
6	7	3	9	8	4	2	5	1
7	2	8	3	1	9	6	4	5
5	1	9	8	4	6	7	3	2
3	4	6	2	7	5	1	8	9

SUDOKU - 2 (Lösung)

Mittelschwer

3	2	8	5	9	6	1	7	4
6	4	5	8	1	7	2	3	9
1	7	9	3	2	4	8	6	5
8	6	1	9	4	2	3	5	7
9	5	7	1	3	8	6	4	2
4	3	2	7	6	5	9	8	1
5	9	3	6	7	1	4	2	8
7	1	4	2	8	3	5	9	6
2	8	6	4	5	9	7	1	3

SUDOKU - 3 (Lösung)

Mittelschwer

8	4	6	5	2	9	3	1	7
7	3	1	8	6	4	9	2	5
5	9	2	7	1	3	8	6	4
2	6	8	1	7	5	4	3	9
4	5	3	9	8	6	2	7	1
9	1	7	3	4	2	5	8	6
1	2	9	4	3	7	6	5	8
3	7	5	6	9	8	1	4	2
6	8	4	2	5	1	7	9	3

SUDOKU - 4 (Lösung)

Mittelschwer

6	9	5	2	1	3	4	7	8
2	1	7	5	8	4	6	3	9
4	8	3	6	7	9	5	1	2
5	2	1	8	3	6	9	4	7
7	4	6	9	2	5	3	8	1
8	3	9	1	4	7	2	6	5
3	7	2	4	9	1	8	5	6
1	6	8	3	5	2	7	9	4
9	5	4	7	6	8	1	2	3

SUDOKU - 5 (Lösung)

Mittelschwer

4	9	5	6	1	2	3	8	7
2	1	6	8	7	3	4	5	9
3	7	8	5	9	4	6	1	2
9	5	1	3	2	8	7	4	6
8	2	7	4	6	9	1	3	5
6	3	4	7	5	1	2	9	8
1	4	9	2	8	7	5	6	3
5	8	2	1	3	6	9	7	4
7	6	3	9	4	5	8	2	1

SUDOKU - 6 (Lösung)

Mittelschwer

2	6	8	1	9	4	3	5	7
9	5	1	2	7	3	6	8	4
7	4	3	8	5	6	9	1	2
3	7	4	5	8	9	2	6	1
5	2	6	3	4	1	8	7	9
8	1	9	7	6	2	5	4	3
1	9	5	6	3	7	4	2	8
4	8	7	9	2	5	1	3	6
6	3	2	4	1	8	7	9	5

SUDOKU - 7 (Lösung)

Mittelschwer

2	1	4	8	7	6	9	3	5
9	8	7	3	5	4	2	1	6
5	6	3	2	1	9	7	8	4
8	3	9	7	4	1	6	5	2
4	2	6	9	3	5	1	7	8
7	5	1	6	8	2	3	4	9
3	9	8	5	6	7	4	2	1
6	4	5	1	2	3	8	9	7
1	7	2	4	9	8	5	6	3

SUDOKU - 8 (Lösung)

Mittelschwer

8	4	5	1	3	6	7	2	9
9	7	2	4	8	5	3	6	1
1	6	3	2	9	7	5	4	8
5	3	9	8	7	4	6	1	2
7	1	8	6	2	9	4	3	5
6	2	4	3	5	1	8	9	7
4	8	7	9	6	2	1	5	3
2	5	6	7	1	3	9	8	4
3	9	1	5	4	8	2	7	6

SUDOKU - 9 (Lösung)

1	5	9	4	7	8	6	3	2
3	2	4	9	6	1	5	8	7
7	8	6	3	5	2	4	1	9
2	9	5	1	8	3	7	6	4
4	6	1	7	9	5	3	2	8
8	3	7	2	4	6	1	9	5
9	7	2	6	1	4	8	5	3
6	4	8	5	3	9	2	7	1
5	1	3	8	2	7	9	4	6

SUDOKU - 10 (Lösung)

7	8	5	6	1	9	2	3	4
6	1	3	5	2	4	8	7	9
2	4	9	8	7	3	6	1	5
4	5	7	3	8	6	1	9	2
1	6	2	4	9	7	5	8	3
3	9	8	1	5	2	7	4	6
5	7	4	2	3	1	9	6	8
8	3	1	9	6	5	4	2	7
9	2	6	7	4	8	3	5	1

SUDOKU - 11 (Lösung)

Mittelschwer

1	4	6	3	2	9	7	8	5
7	5	9	1	4	8	2	6	3
3	8	2	6	5	7	9	4	1
4	1	5	9	6	2	8	3	7
6	7	8	5	1	3	4	2	9
2	9	3	8	7	4	1	5	6
5	2	1	4	9	6	3	7	8
9	3	4	7	8	5	6	1	2
8	6	7	2	3	1	5	9	4

SUDOKU - 12 (Lösung)

Mittelschwer

6	1	3	4	9	2	7	8	5
2	4	7	1	5	8	9	3	6
5	9	8	6	3	7	1	4	2
7	2	9	5	6	4	8	1	3
4	5	1	2	8	3	6	9	7
3	8	6	9	7	1	2	5	4
1	3	2	7	4	9	5	6	8
9	6	4	8	2	5	3	7	1
8	7	5	3	1	6	4	2	9

SUDOKU - 13 (Lösung)

Mittelschwer

2	5	3	7	4	1	6	9	8
6	1	4	8	5	9	7	3	2
9	7	8	2	6	3	1	5	4
4	3	5	9	2	6	8	7	1
1	6	9	4	8	7	5	2	3
8	2	7	3	1	5	9	4	6
5	4	1	6	7	2	3	8	9
7	9	2	1	3	8	4	6	5
3	8	6	5	9	4	2	1	7

SUDOKU - 14 (Lösung)

Mittelschwer

6	5	7	1	4	8	2	3	9
1	3	8	7	9	2	6	5	4
4	2	9	3	6	5	7	8	1
2	1	5	4	3	6	9	7	8
9	4	3	5	8	7	1	2	6
8	7	6	9	2	1	3	4	5
5	9	1	2	7	4	8	6	3
7	6	4	8	1	3	5	9	2
3	8	2	6	5	9	4	1	7

SUDOKU - 15 (Lösung)

Mittelschwer

3	9	6	4	8	5	1	2	7
7	5	8	1	9	2	3	6	4
4	2	1	6	7	3	5	9	8
9	7	2	8	4	1	6	5	3
5	6	3	9	2	7	4	8	1
1	8	4	5	3	6	9	7	2
8	1	5	7	6	4	2	3	9
2	4	9	3	5	8	7	1	6
6	3	7	2	1	9	8	4	5

SUDOKU - 16 (Lösung)

Mittelschwer

6	2	4	3	5	1	8	9	7
3	7	8	2	4	9	1	5	6
1	9	5	7	6	8	3	2	4
5	6	3	4	8	7	9	1	2
8	4	9	6	1	2	5	7	3
7	1	2	9	3	5	6	4	8
9	8	6	5	7	4	2	3	1
2	3	7	1	9	6	4	8	5
4	5	1	8	2	3	7	6	9

SUDOKU - 17 (Lösung)

Mittelschwer

8	9	2	7	3	4	1	6	5
5	3	6	8	9	1	4	7	2
1	4	7	2	6	5	9	8	3
7	1	9	3	8	6	2	5	4
2	6	8	4	5	9	3	1	7
4	5	3	1	7	2	8	9	6
3	2	5	9	1	7	6	4	8
6	8	1	5	4	3	7	2	9
9	7	4	6	2	8	5	3	1

SUDOKU - 18 (Lösung)

Mittelschwer

4	7	2	8	5	1	3	9	6
6	5	9	2	7	3	1	4	8
1	3	8	4	6	9	5	2	7
2	4	6	9	8	5	7	1	3
5	9	1	6	3	7	4	8	2
3	8	7	1	4	2	6	5	9
8	1	5	3	9	6	2	7	4
7	6	4	5	2	8	9	3	1
9	2	3	7	1	4	8	6	5

SUDOKU - 19 (Lösung)

Mittelschwer

5	1	3	6	7	4	2	9	8
8	2	9	1	3	5	4	7	6
4	7	6	2	8	9	3	1	5
3	5	2	7	1	8	6	4	9
7	6	8	4	9	2	5	3	1
1	9	4	3	5	6	8	2	7
2	3	1	5	6	7	9	8	4
6	8	7	9	4	3	1	5	2
9	4	5	8	2	1	7	6	3

SUDOKU - 20 (Lösung)

Mittelschwer

8	1	3	7	6	2	9	5	4
2	7	6	9	5	4	8	3	1
4	9	5	8	3	1	2	6	7
1	2	7	4	8	6	5	9	3
9	6	4	3	1	5	7	2	8
5	3	8	2	7	9	1	4	6
3	4	2	1	9	8	6	7	5
6	8	9	5	4	7	3	1	2
7	5	1	6	2	3	4	8	9

SUDOKU - 21 (Lösung)

Mittelschwer

8	6	2	3	1	5	9	7	4
9	3	4	6	7	2	1	8	5
5	1	7	8	9	4	3	6	2
4	9	5	1	2	7	6	3	8
2	7	3	5	6	8	4	9	1
6	8	1	9	4	3	5	2	7
1	5	6	2	8	9	7	4	3
7	2	9	4	3	1	8	5	6
3	4	8	7	5	6	2	1	9

SUDOKU - 22 (Lösung)

Mittelschwer

9	4	1	3	2	6	7	5	8
2	6	5	9	7	8	3	4	1
3	7	8	4	5	1	6	9	2
4	9	3	8	6	5	2	1	7
1	8	6	2	9	7	5	3	4
5	2	7	1	3	4	9	8	6
8	5	9	6	1	2	4	7	3
6	3	4	7	8	9	1	2	5
7	1	2	5	4	3	8	6	9

SUDOKU - 23 (Lösung)

Mittelschwer

5	9	7	6	1	8	2	4	3
4	2	8	7	5	3	1	9	6
6	3	1	4	9	2	7	5	8
8	5	6	1	7	9	4	3	2
1	4	3	2	8	5	6	7	9
2	7	9	3	4	6	8	1	5
7	8	5	9	6	1	3	2	4
9	1	2	8	3	4	5	6	7
3	6	4	5	2	7	9	8	1

SUDOKU - 24 (Lösung)

Mittelschwer

4	9	5	3	2	8	1	6	7
1	2	6	4	7	9	8	3	5
8	3	7	1	5	6	2	4	9
3	6	2	5	4	1	7	9	8
5	7	8	2	9	3	6	1	4
9	1	4	6	8	7	5	2	3
7	4	1	8	3	2	9	5	6
6	8	3	9	1	5	4	7	2
2	5	9	7	6	4	3	8	1

SUDOKU - 25 (Lösung)

Mittelschwer

8	1	6	7	2	3	9	4	5
3	4	7	9	5	6	8	1	2
2	5	9	8	1	4	6	3	7
9	2	8	1	6	7	4	5	3
6	7	1	3	4	5	2	9	8
5	3	4	2	8	9	1	7	6
4	9	5	6	3	2	7	8	1
1	6	3	4	7	8	5	2	9
7	8	2	5	9	1	3	6	4

SUDOKU - 26 (Lösung)

Mittelschwer

6	5	4	9	3	7	1	2	8
8	1	3	2	5	6	7	9	4
7	2	9	1	4	8	3	6	5
3	4	1	5	6	9	8	7	2
2	7	6	3	8	1	5	4	9
5	9	8	4	7	2	6	1	3
1	6	5	8	2	4	9	3	7
9	3	2	7	1	5	4	8	6
4	8	7	6	9	3	2	5	1

SUDOKU - 27 (Lösung)

Mittelschwer

9	3	1	2	4	5	6	8	7
4	2	5	8	6	7	9	3	1
6	7	8	9	3	1	2	4	5
2	5	4	7	1	8	3	6	9
1	6	9	3	5	2	8	7	4
7	8	3	6	9	4	1	5	2
3	4	7	1	8	9	5	2	6
8	9	2	5	7	6	4	1	3
5	1	6	4	2	3	7	9	8

SUDOKU - 28 (Lösung)

Mittelschwer

6	5	2	8	3	9	4	7	1
7	1	9	6	4	2	5	8	3
4	8	3	5	7	1	6	9	2
3	4	5	1	6	8	9	2	7
9	7	1	4	2	5	8	3	6
8	2	6	3	9	7	1	4	5
2	6	4	9	1	3	7	5	8
5	9	7	2	8	6	3	1	4
1	3	8	7	5	4	2	6	9

SUDOKU - 29 (Lösung)

Mittelschwer

3	4	8	6	7	2	1	5	9
6	1	9	4	8	5	7	2	3
2	5	7	9	3	1	4	6	8
7	6	2	5	1	8	9	3	4
1	8	3	2	4	9	5	7	6
5	9	4	3	6	7	2	8	1
9	2	1	8	5	3	6	4	7
8	7	6	1	2	4	3	9	5
4	3	5	7	9	6	8	1	2

SUDOKU - 30 (Lösung)

Mittelschwer

8	3	9	4	2	1	5	7	6
6	4	1	3	5	7	9	8	2
2	7	5	9	6	8	1	3	4
1	5	7	6	3	2	4	9	8
4	2	6	5	8	9	7	1	3
3	9	8	1	7	4	6	2	5
9	8	3	7	4	5	2	6	1
5	1	2	8	9	6	3	4	7
7	6	4	2	1	3	8	5	9

SUDOKU - 31 (Lösung)

4	5	8	7	1	2	6	9	3
6	9	7	5	8	3	1	4	2
2	1	3	4	9	6	7	5	8
9	2	1	3	7	4	8	6	5
8	4	5	2	6	9	3	1	7
7	3	6	8	5	1	9	2	4
1	8	4	9	3	5	2	7	6
3	6	2	1	4	7	5	8	9
5	7	9	6	2	8	4	3	1

SUDOKU - 32 (Lösung)

1	3	7	9	2	8	5	6	4
4	6	2	7	1	5	3	9	8
5	8	9	4	3	6	7	2	1
2	1	3	6	4	7	9	8	5
8	4	5	3	9	1	6	7	2
9	7	6	8	5	2	4	1	3
7	2	1	5	6	3	8	4	9
6	5	4	1	8	9	2	3	7
3	9	8	2	7	4	1	5	6

SUDOKU - 33 (Lösung)

Mittelschwer

6	2	8	5	9	7	1	4	3
9	4	7	6	3	1	5	8	2
5	1	3	2	8	4	6	7	9
7	9	1	4	5	2	3	6	8
3	8	2	9	1	6	7	5	4
4	6	5	3	7	8	2	9	1
2	7	4	1	6	9	8	3	5
8	3	9	7	2	5	4	1	6
1	5	6	8	4	3	9	2	7

SUDOKU - 34 (Lösung)

Mittelschwer

1	8	4	9	3	2	6	7	5
9	2	3	5	6	7	1	8	4
7	6	5	8	4	1	9	3	2
4	9	6	7	5	3	8	2	1
3	1	8	4	2	9	5	6	7
2	5	7	6	1	8	4	9	3
5	3	9	2	8	4	7	1	6
6	7	2	1	9	5	3	4	8
8	4	1	3	7	6	2	5	9

SUDOKU - 35 (Lösung)

Mittelschwer

7	5	1	4	3	9	6	2	8
3	8	2	7	5	6	1	4	9
9	4	6	8	1	2	3	5	7
4	2	7	3	8	5	9	6	1
8	3	5	6	9	1	2	7	4
6	1	9	2	4	7	8	3	5
1	7	8	5	6	3	4	9	2
2	6	4	9	7	8	5	1	3
5	9	3	1	2	4	7	8	6

SUDOKU - 36 (Lösung)

Mittelschwer

3	2	1	9	6	8	5	4	7
6	4	8	5	3	7	9	1	2
9	7	5	2	1	4	8	3	6
2	6	7	1	5	9	3	8	4
1	5	3	8	4	2	7	6	9
8	9	4	3	7	6	1	2	5
4	1	2	7	9	3	6	5	8
5	8	9	6	2	1	4	7	3
7	3	6	4	8	5	2	9	1

SUDOKU - 37 (Lösung)

Mittelschwer

9	8	5	1	3	2	6	7	4
3	1	6	8	4	7	5	2	9
7	2	4	5	9	6	3	1	8
4	6	8	3	5	1	7	9	2
2	3	9	7	6	4	8	5	1
1	5	7	2	8	9	4	6	3
6	9	2	4	7	8	1	3	5
5	4	1	6	2	3	9	8	7
8	7	3	9	1	5	2	4	6

SUDOKU - 38 (Lösung)

Mittelschwer

2	1	3	6	9	4	7	5	8
7	8	4	1	5	3	9	6	2
6	5	9	8	7	2	4	3	1
5	6	8	3	2	7	1	4	9
4	7	1	5	8	9	6	2	3
9	3	2	4	1	6	8	7	5
8	2	5	7	4	1	3	9	6
1	4	6	9	3	5	2	8	7
3	9	7	2	6	8	5	1	4

SUDOKU - 39 (Lösung)

6	4	9	1	5	2	7	8	3
3	8	2	7	4	6	9	5	1
5	7	1	3	8	9	6	4	2
8	9	3	2	7	4	5	1	6
2	1	6	9	3	5	8	7	4
4	5	7	6	1	8	3	2	9
1	3	8	4	6	7	2	9	5
7	2	4	5	9	3	1	6	8
9	6	5	8	2	1	4	3	7

SUDOKU - 40 (Lösung)

2	9	4	8	1	3	7	6	5
1	3	8	5	6	7	9	2	4
6	5	7	2	4	9	3	8	1
5	1	3	6	9	4	8	7	2
4	2	9	7	5	8	1	3	6
7	8	6	1	3	2	4	5	9
3	6	1	4	8	5	2	9	7
9	4	2	3	7	6	5	1	8
8	7	5	9	2	1	6	4	3

SUDOKU - 41 (Lösung)

Mittelschwer

7	1	6	4	2	5	8	3	9
8	4	3	1	6	9	5	7	2
5	9	2	8	3	7	1	4	6
1	7	4	6	8	2	3	9	5
2	6	5	9	7	3	4	8	1
9	3	8	5	1	4	6	2	7
4	5	1	2	9	8	7	6	3
6	2	7	3	4	1	9	5	8
3	8	9	7	5	6	2	1	4

SUDOKU - 42 (Lösung)

Mittelschwer

5	9	1	2	7	4	8	6	3
3	7	4	6	5	8	9	1	2
2	8	6	3	9	1	5	4	7
4	5	9	7	8	2	6	3	1
6	1	2	9	4	3	7	8	5
8	3	7	5	1	6	4	2	9
9	2	3	4	6	7	1	5	8
1	6	5	8	2	9	3	7	4
7	4	8	1	3	5	2	9	6

SUDOKU - 43 (Lösung)

7	6	1	5	9	2	3	4	8
2	5	9	3	4	8	1	6	7
8	4	3	7	1	6	5	2	9
1	2	7	9	6	3	4	8	5
6	8	5	4	2	7	9	1	3
9	3	4	8	5	1	2	7	6
3	1	8	2	7	5	6	9	4
4	7	6	1	3	9	8	5	2
5	9	2	6	8	4	7	3	1

SUDOKU - 44 (Lösung)

6	3	8	5	4	7	2	1	9
4	9	5	3	2	1	6	7	8
2	7	1	8	6	9	3	5	4
1	2	7	4	8	6	5	9	3
8	6	4	9	3	5	7	2	1
3	5	9	7	1	2	8	4	6
5	8	2	6	9	4	1	3	7
7	4	3	1	5	8	9	6	2
9	1	6	2	7	3	4	8	5

SUDOKU - 45 (Lösung)

Mittelschwer

1	4	2	8	7	3	9	5	6
3	8	9	5	1	6	4	7	2
7	5	6	2	9	4	1	8	3
4	3	5	7	2	1	6	9	8
6	1	8	3	5	9	7	2	4
9	2	7	4	6	8	5	3	1
5	7	1	6	3	2	8	4	9
8	6	3	9	4	7	2	1	5
2	9	4	1	8	5	3	6	7

SUDOKU - 46 (Lösung)

Mittelschwer

9	3	8	4	7	5	2	1	6
7	1	5	8	6	2	9	3	4
6	2	4	9	3	1	8	7	5
5	9	3	2	4	8	7	6	1
8	6	1	5	9	7	4	2	3
2	4	7	3	1	6	5	8	9
1	8	9	7	5	3	6	4	2
4	7	6	1	2	9	3	5	8
3	5	2	6	8	4	1	9	7

SUDOKU - 47 (Lösung)

Mittelschwer

2	5	8	1	4	9	7	6	3
9	3	4	2	6	7	5	1	8
7	1	6	8	3	5	4	9	2
1	2	9	5	8	4	6	3	7
8	7	5	3	9	6	1	2	4
4	6	3	7	1	2	8	5	9
6	4	1	9	7	3	2	8	5
5	9	7	6	2	8	3	4	1
3	8	2	4	5	1	9	7	6

SUDOKU - 48 (Lösung)

Mittelschwer

6	2	8	9	4	3	5	1	7
7	9	3	5	6	1	2	4	8
1	5	4	7	2	8	3	6	9
2	8	9	3	5	4	6	7	1
5	7	1	2	9	6	4	8	3
4	3	6	1	8	7	9	2	5
3	4	5	8	7	2	1	9	6
9	6	7	4	1	5	8	3	2
8	1	2	6	3	9	7	5	4

SUDOKU - 49 (Lösung)

Mittelschwer

6	3	1	7	2	5	4	8	9
4	7	2	3	9	8	6	5	1
8	5	9	6	4	1	3	7	2
5	1	7	2	8	3	9	4	6
3	9	8	1	6	4	5	2	7
2	4	6	9	5	7	8	1	3
7	8	3	5	1	9	2	6	4
1	2	5	4	3	6	7	9	8
9	6	4	8	7	2	1	3	5

SUDOKU - 50 (Lösung)

Mittelschwer

9	4	8	5	1	7	2	3	6
3	6	2	9	8	4	7	5	1
7	5	1	3	6	2	8	9	4
6	7	3	1	2	9	5	4	8
2	8	4	6	3	5	9	1	7
5	1	9	7	4	8	3	6	2
4	3	5	2	7	1	6	8	9
1	2	6	8	9	3	4	7	5
8	9	7	4	5	6	1	2	3

SUDOKU - 1 (Lösung)

Schwer

8	7	5	6	9	3	2	1	4
4	6	2	1	5	7	9	3	8
1	3	9	2	8	4	6	5	7
5	2	7	9	6	8	1	4	3
3	8	1	5	4	2	7	6	9
9	4	6	3	7	1	8	2	5
6	9	4	7	2	5	3	8	1
7	1	8	4	3	6	5	9	2
2	5	3	8	1	9	4	7	6

SUDOKU - 2 (Lösung)

Schwer

9	5	6	8	1	4	3	7	2
2	7	8	9	3	6	1	5	4
3	1	4	5	7	2	6	9	8
8	9	3	2	6	7	5	4	1
1	4	5	3	8	9	7	2	6
7	6	2	1	4	5	8	3	9
4	3	7	6	2	8	9	1	5
6	2	9	7	5	1	4	8	3
5	8	1	4	9	3	2	6	7

SUDOKU - 3 (Lösung)

Schwer

7	4	2	6	3	5	9	8	1
5	6	1	9	4	8	2	3	7
8	9	3	1	7	2	4	5	6
2	3	4	7	6	9	8	1	5
9	5	8	3	2	1	7	6	4
6	1	7	8	5	4	3	9	2
3	7	5	2	8	6	1	4	9
4	8	9	5	1	7	6	2	3
1	2	6	4	9	3	5	7	8

SUDOKU - 4 (Lösung)

Schwer

5	7	2	8	4	6	3	9	1
9	1	6	2	3	7	4	5	8
4	3	8	5	1	9	2	6	7
2	8	7	4	6	1	9	3	5
1	6	9	7	5	3	8	2	4
3	4	5	9	8	2	1	7	6
6	2	4	1	9	5	7	8	3
8	9	3	6	7	4	5	1	2
7	5	1	3	2	8	6	4	9

SUDOKU - 5 (Lösung)

Schwer

3	6	9	1	7	2	8	4	5
1	2	8	4	6	5	3	7	9
4	7	5	3	8	9	6	1	2
5	3	6	8	2	1	4	9	7
8	1	2	9	4	7	5	3	6
7	9	4	5	3	6	1	2	8
2	8	3	7	5	4	9	6	1
6	4	1	2	9	8	7	5	3
9	5	7	6	1	3	2	8	4

SUDOKU - 6 (Lösung)

Schwer

2	8	7	4	9	1	3	6	5
1	3	5	2	8	6	7	4	9
9	6	4	5	7	3	8	1	2
8	2	1	7	5	9	6	3	4
5	7	6	3	2	4	1	9	8
4	9	3	6	1	8	2	5	7
3	4	8	9	6	7	5	2	1
7	5	9	1	3	2	4	8	6
6	1	2	8	4	5	9	7	3

SUDOKU - 7 (Lösung)

7	9	2	8	1	5	3	6	4
8	3	6	9	4	7	2	1	5
5	4	1	2	3	6	7	9	8
1	8	5	7	9	4	6	3	2
6	7	9	5	2	3	8	4	1
3	2	4	1	6	8	9	5	7
9	1	7	6	5	2	4	8	3
4	5	8	3	7	9	1	2	6
2	6	3	4	8	1	5	7	9

SUDOKU - 8 (Lösung)

7	9	3	1	2	4	6	5	8
8	4	6	7	5	3	9	1	2
5	1	2	6	8	9	7	3	4
3	8	4	2	1	7	5	6	9
9	7	1	5	4	6	2	8	3
2	6	5	3	9	8	1	4	7
1	2	9	4	3	5	8	7	6
4	5	7	8	6	2	3	9	1
6	3	8	9	7	1	4	2	5

SUDOKU - 9 (Lösung)

Schwer

2	1	3	6	4	7	9	8	5
9	8	7	5	2	1	3	4	6
6	5	4	8	9	3	1	7	2
8	3	1	9	5	6	4	2	7
5	6	2	7	3	4	8	1	9
7	4	9	2	1	8	5	6	3
1	2	5	4	6	9	7	3	8
4	7	6	3	8	5	2	9	1
3	9	8	1	7	2	6	5	4

SUDOKU - 10 (Lösung)

Schwer

3	5	4	7	9	6	1	8	2
8	9	7	5	2	1	3	4	6
2	6	1	4	8	3	5	9	7
9	7	5	1	6	2	8	3	4
4	2	6	8	3	5	7	1	9
1	3	8	9	4	7	2	6	5
5	8	2	6	1	9	4	7	3
7	1	9	3	5	4	6	2	8
6	4	3	2	7	8	9	5	1

SUDOKU - 11 (Lösung)

Schwer

8	2	6	9	7	1	3	5	4
1	3	5	2	4	6	7	8	9
9	7	4	3	5	8	6	1	2
7	4	2	1	6	5	9	3	8
3	5	9	4	8	2	1	7	6
6	8	1	7	9	3	2	4	5
2	1	8	6	3	4	5	9	7
5	9	3	8	2	7	4	6	1
4	6	7	5	1	9	8	2	3

SUDOKU - 12 (Lösung)

Schwer

9	6	2	4	5	1	8	7	3
5	8	3	9	6	7	2	1	4
4	1	7	8	2	3	9	6	5
1	2	6	3	4	8	5	9	7
8	5	4	7	9	2	1	3	6
3	7	9	5	1	6	4	8	2
6	3	1	2	8	4	7	5	9
7	4	5	1	3	9	6	2	8
2	9	8	6	7	5	3	4	1

SUDOKU - 13 (Lösung)

Schwer

2	8	5	6	1	3	7	9	4
1	3	4	9	8	7	6	2	5
6	7	9	5	2	4	8	3	1
5	9	6	7	4	8	3	1	2
7	1	3	2	6	9	4	5	8
4	2	8	1	3	5	9	7	6
3	6	1	8	9	2	5	4	7
9	5	2	4	7	6	1	8	3
8	4	7	3	5	1	2	6	9

SUDOKU - 14 (Lösung)

Schwer

6	7	1	5	8	4	3	2	9
8	9	2	7	3	6	1	4	5
5	4	3	1	2	9	6	8	7
9	2	8	3	5	7	4	1	6
4	6	5	8	9	1	7	3	2
3	1	7	4	6	2	5	9	8
7	3	6	9	1	8	2	5	4
1	8	4	2	7	5	9	6	3
2	5	9	6	4	3	8	7	1

SUDOKU - 15 (Lösung)

Schwer

9	2	3	4	7	5	8	1	6
4	8	7	9	6	1	2	3	5
1	6	5	2	8	3	7	9	4
6	9	1	5	3	8	4	7	2
7	3	2	6	1	4	9	5	8
8	5	4	7	9	2	1	6	3
3	1	6	8	2	9	5	4	7
2	4	9	3	5	7	6	8	1
5	7	8	1	4	6	3	2	9

SUDOKU - 16 (Lösung)

Schwer

4	3	7	9	1	2	5	8	6
8	1	2	4	6	5	9	7	3
6	5	9	3	7	8	1	2	4
5	6	1	8	2	4	7	3	9
3	7	4	5	9	6	8	1	2
9	2	8	1	3	7	4	6	5
1	8	5	2	4	3	6	9	7
2	4	6	7	8	9	3	5	1
7	9	3	6	5	1	2	4	8

SUDOKU - 17 (Lösung)

Schwer

9	7	2	4	6	1	8	5	3
6	1	3	2	5	8	9	4	7
8	5	4	9	7	3	1	2	6
1	8	7	3	2	6	5	9	4
2	4	9	7	1	5	6	3	8
3	6	5	8	9	4	2	7	1
7	2	1	6	4	9	3	8	5
5	9	8	1	3	7	4	6	2
4	3	6	5	8	2	7	1	9

SUDOKU - 18 (Lösung)

Schwer

6	5	2	4	8	9	7	3	1
7	8	1	3	6	2	4	9	5
4	9	3	7	5	1	6	2	8
9	1	8	2	4	7	5	6	3
3	2	7	6	1	5	9	8	4
5	6	4	8	9	3	1	7	2
2	4	9	1	7	8	3	5	6
8	7	6	5	3	4	2	1	9
1	3	5	9	2	6	8	4	7

SUDOKU - 19 (Lösung)

Schwer

5	8	1	4	7	2	6	3	9
4	6	9	8	3	1	2	5	7
2	3	7	9	5	6	8	4	1
1	5	3	2	4	7	9	8	6
7	9	4	3	6	8	5	1	2
8	2	6	5	1	9	3	7	4
3	4	2	7	9	5	1	6	8
6	7	8	1	2	3	4	9	5
9	1	5	6	8	4	7	2	3

SUDOKU - 20 (Lösung)

Schwer

8	1	7	3	2	6	4	9	5
9	4	2	7	1	5	3	8	6
6	3	5	4	9	8	1	7	2
4	7	8	5	3	9	2	6	1
1	6	3	8	7	2	9	5	4
2	5	9	6	4	1	8	3	7
7	2	4	9	6	3	5	1	8
3	8	6	1	5	4	7	2	9
5	9	1	2	8	7	6	4	3

SUDOKU - 21 (Lösung)

Schwer

1	6	7	9	5	3	4	2	8
9	8	5	4	7	2	1	3	6
4	2	3	6	8	1	7	5	9
8	9	1	2	3	7	6	4	5
7	3	2	5	4	6	8	9	1
6	5	4	8	1	9	2	7	3
5	1	9	7	2	8	3	6	4
2	4	8	3	6	5	9	1	7
3	7	6	1	9	4	5	8	2

SUDOKU - 22 (Lösung)

Schwer

3	7	6	5	1	4	8	2	9
8	9	5	6	2	7	1	3	4
2	4	1	3	8	9	6	5	7
1	5	2	7	3	8	4	9	6
7	3	9	2	4	6	5	1	8
4	6	8	1	9	5	2	7	3
5	1	4	8	7	3	9	6	2
6	8	7	9	5	2	3	4	1
9	2	3	4	6	1	7	8	5

SUDOKU - 23 (Lösung)

Schwer

6	9	3	2	1	8	7	5	4
2	4	7	5	9	6	1	8	3
8	5	1	7	4	3	6	9	2
3	1	9	6	2	5	8	4	7
5	6	2	8	7	4	9	3	1
4	7	8	1	3	9	2	6	5
1	8	4	9	5	2	3	7	6
7	3	6	4	8	1	5	2	9
9	2	5	3	6	7	4	1	8

SUDOKU - 24 (Lösung)

Schwer

3	7	6	2	8	4	5	9	1
2	9	4	1	5	7	6	8	3
1	5	8	9	3	6	7	2	4
8	1	7	3	9	2	4	6	5
6	2	3	7	4	5	9	1	8
5	4	9	8	6	1	3	7	2
7	6	1	5	2	3	8	4	9
9	3	2	4	7	8	1	5	6
4	8	5	6	1	9	2	3	7

SUDOKU - 25 (Lösung)

Schwer

3	4	7	6	1	8	9	5	2
8	6	1	2	5	9	3	4	7
2	5	9	4	3	7	8	6	1
9	7	6	8	4	5	1	2	3
5	1	2	9	7	3	4	8	6
4	8	3	1	2	6	7	9	5
6	3	4	7	9	2	5	1	8
1	2	5	3	8	4	6	7	9
7	9	8	5	6	1	2	3	4

SUDOKU - 26 (Lösung)

Schwer

7	2	5	4	6	9	3	1	8
6	3	4	5	1	8	7	2	9
1	9	8	2	3	7	6	5	4
4	6	1	3	5	2	8	9	7
2	8	7	6	9	4	5	3	1
3	5	9	7	8	1	4	6	2
8	1	6	9	7	5	2	4	3
9	4	3	8	2	6	1	7	5
5	7	2	1	4	3	9	8	6

SUDOKU - 27 (Lösung)

Schwer

6	9	8	7	3	5	4	2	1
1	4	5	8	2	9	7	3	6
2	3	7	4	1	6	9	5	8
8	2	3	5	4	1	6	9	7
5	6	9	3	8	7	1	4	2
7	1	4	9	6	2	3	8	5
9	8	1	6	5	3	2	7	4
4	7	6	2	9	8	5	1	3
3	5	2	1	7	4	8	6	9

SUDOKU - 28 (Lösung)

Schwer

1	4	8	9	2	3	6	7	5
7	5	2	1	6	8	3	9	4
9	3	6	5	4	7	1	8	2
3	1	4	6	7	5	9	2	8
2	9	7	3	8	4	5	1	6
6	8	5	2	1	9	4	3	7
4	2	3	8	5	1	7	6	9
5	6	1	7	9	2	8	4	3
8	7	9	4	3	6	2	5	1

SUDOKU - 29 (Lösung)

Schwer

4	6	3	5	1	7	9	8	2
7	5	9	8	4	2	1	6	3
8	1	2	3	9	6	5	7	4
1	7	4	2	6	3	8	5	9
5	3	8	9	7	4	6	2	1
2	9	6	1	8	5	3	4	7
6	2	5	7	3	1	4	9	8
9	4	1	6	2	8	7	3	5
3	8	7	4	5	9	2	1	6

SUDOKU - 30 (Lösung)

Schwer

5	4	9	1	8	3	2	6	7
3	6	8	5	7	2	9	4	1
2	7	1	9	4	6	5	3	8
8	2	3	4	5	1	6	7	9
9	5	7	3	6	8	4	1	2
4	1	6	2	9	7	3	8	5
1	3	5	8	2	4	7	9	6
7	9	4	6	1	5	8	2	3
6	8	2	7	3	9	1	5	4

SUDOKU - 31 (Lösung)

Schwer

8	1	4	5	3	7	9	6	2
6	2	5	9	8	4	1	3	7
3	7	9	2	1	6	4	8	5
5	6	8	1	2	9	3	7	4
7	4	2	3	6	8	5	1	9
1	9	3	4	7	5	8	2	6
9	3	1	6	4	2	7	5	8
2	5	7	8	9	3	6	4	1
4	8	6	7	5	1	2	9	3

SUDOKU - 32 (Lösung)

Schwer

2	4	9	3	8	5	1	6	7
5	7	1	4	6	2	3	8	9
3	6	8	9	1	7	5	2	4
1	9	3	2	5	6	4	7	8
6	5	2	8	7	4	9	3	1
4	8	7	1	9	3	2	5	6
9	1	5	7	3	8	6	4	2
7	2	6	5	4	9	8	1	3
8	3	4	6	2	1	7	9	5

SUDOKU - 33 (Lösung)

6	9	8	1	7	4	3	2	5
5	7	2	6	8	3	4	1	9
1	4	3	9	2	5	7	8	6
3	1	4	8	6	2	9	5	7
7	8	9	5	3	1	6	4	2
2	5	6	4	9	7	8	3	1
9	3	1	2	4	6	5	7	8
4	6	5	7	1	8	2	9	3
8	2	7	3	5	9	1	6	4

SUDOKU - 34 (Lösung)

6	5	3	2	4	9	7	1	8
9	4	1	6	7	8	5	3	2
8	7	2	5	3	1	9	4	6
2	8	4	7	5	6	3	9	1
1	6	5	8	9	3	2	7	4
3	9	7	4	1	2	6	8	5
4	3	9	1	2	5	8	6	7
7	2	6	9	8	4	1	5	3
5	1	8	3	6	7	4	2	9

SUDOKU - 35 (Lösung)

Schwer

4	2	1	9	3	7	6	8	5
8	9	5	2	4	6	1	7	3
3	6	7	5	1	8	9	2	4
7	3	4	6	5	2	8	1	9
1	8	2	4	9	3	5	6	7
9	5	6	7	8	1	3	4	2
5	1	8	3	2	4	7	9	6
6	4	3	1	7	9	2	5	8
2	7	9	8	6	5	4	3	1

SUDOKU - 36 (Lösung)

Schwer

8	7	4	6	9	1	3	2	5
1	3	9	2	4	5	7	8	6
6	5	2	3	8	7	4	9	1
4	9	7	1	5	2	6	3	8
5	8	3	4	6	9	1	7	2
2	1	6	7	3	8	5	4	9
7	2	8	5	1	4	9	6	3
3	4	1	9	2	6	8	5	7
9	6	5	8	7	3	2	1	4

SUDOKU - 37 (Lösung)

Schwer

8	5	3	9	2	1	4	6	7
6	1	9	4	3	7	8	2	5
2	7	4	5	8	6	9	3	1
3	2	1	7	6	4	5	9	8
9	8	6	3	1	5	2	7	4
7	4	5	2	9	8	6	1	3
5	6	8	1	7	9	3	4	2
1	9	2	8	4	3	7	5	6
4	3	7	6	5	2	1	8	9

SUDOKU - 38 (Lösung)

Schwer

6	8	1	2	3	9	7	4	5
5	2	7	4	8	6	3	9	1
4	9	3	1	7	5	2	6	8
7	1	9	8	5	2	6	3	4
2	6	8	3	9	4	5	1	7
3	5	4	7	6	1	8	2	9
1	3	6	5	4	7	9	8	2
9	4	5	6	2	8	1	7	3
8	7	2	9	1	3	4	5	6

SUDOKU - 39 (Lösung)

Schwer

1	3	7	5	8	9	4	6	2
6	4	2	7	1	3	8	9	5
8	5	9	2	6	4	7	1	3
9	6	1	8	3	7	5	2	4
4	7	5	9	2	6	3	8	1
3	2	8	4	5	1	6	7	9
2	9	4	6	7	5	1	3	8
7	8	3	1	4	2	9	5	6
5	1	6	3	9	8	2	4	7

SUDOKU - 40 (Lösung)

Schwer

6	8	2	4	5	3	7	9	1
4	5	7	2	9	1	3	6	8
3	1	9	6	7	8	5	2	4
2	7	3	8	1	6	4	5	9
9	4	5	3	2	7	8	1	6
8	6	1	9	4	5	2	3	7
5	9	8	7	6	2	1	4	3
7	2	6	1	3	4	9	8	5
1	3	4	5	8	9	6	7	2

SUDOKU - 41 (Lösung)

Schwer

1	3	2	9	7	6	5	8	4
7	4	5	8	3	2	1	9	6
6	9	8	1	4	5	2	3	7
5	8	1	4	6	7	3	2	9
2	7	4	3	9	8	6	1	5
9	6	3	5	2	1	7	4	8
4	2	6	7	1	9	8	5	3
8	1	9	6	5	3	4	7	2
3	5	7	2	8	4	9	6	1

SUDOKU - 42 (Lösung)

Schwer

1	5	9	4	7	3	6	8	2
7	6	4	9	2	8	3	1	5
8	2	3	5	1	6	7	4	9
5	1	8	6	4	9	2	7	3
6	9	2	7	3	1	4	5	8
3	4	7	2	8	5	9	6	1
2	8	1	3	6	4	5	9	7
9	3	6	8	5	7	1	2	4
4	7	5	1	9	2	8	3	6

SUDOKU - 43 (Lösung)

Schwer

1	9	8	7	4	2	3	5	6
2	7	3	5	6	9	4	8	1
4	5	6	1	3	8	2	9	7
3	1	9	6	8	5	7	4	2
5	8	4	3	2	7	1	6	9
6	2	7	4	9	1	5	3	8
7	4	1	9	5	6	8	2	3
8	6	5	2	1	3	9	7	4
9	3	2	8	7	4	6	1	5

SUDOKU - 44 (Lösung)

Schwer

4	7	6	1	2	3	9	8	5
8	1	2	6	5	9	3	7	4
5	3	9	8	7	4	1	2	6
7	2	8	4	6	1	5	3	9
9	4	3	5	8	7	2	6	1
1	6	5	3	9	2	7	4	8
2	5	4	9	3	6	8	1	7
6	8	7	2	1	5	4	9	3
3	9	1	7	4	8	6	5	2

SUDOKU - 45 (Lösung)

Schwer

7	1	5	4	2	3	6	8	9
3	4	8	9	7	6	1	2	5
2	9	6	1	8	5	4	3	7
5	3	1	8	4	9	2	7	6
9	8	2	7	6	1	3	5	4
4	6	7	5	3	2	8	9	1
1	2	9	6	5	8	7	4	3
6	7	3	2	9	4	5	1	8
8	5	4	3	1	7	9	6	2

SUDOKU - 46 (Lösung)

Schwer

1	4	3	7	2	6	5	9	8
5	9	6	3	8	1	2	4	7
2	7	8	9	4	5	3	6	1
7	8	4	1	6	3	9	2	5
6	1	9	4	5	2	7	8	3
3	5	2	8	7	9	4	1	6
8	3	7	6	9	4	1	5	2
4	6	5	2	1	7	8	3	9
9	2	1	5	3	8	6	7	4

SUDOKU - 47 (Lösung)

6	2	1	4	9	3	5	8	7
5	7	3	2	1	8	9	4	6
9	4	8	5	7	6	3	1	2
2	5	7	8	6	4	1	3	9
3	8	4	1	2	9	7	6	5
1	6	9	3	5	7	8	2	4
7	9	2	6	8	1	4	5	3
4	1	6	9	3	5	2	7	8
8	3	5	7	4	2	6	9	1

SUDOKU - 48 (Lösung)

8	9	4	2	1	3	7	6	5
1	5	2	6	9	7	4	8	3
7	3	6	8	5	4	2	9	1
6	2	3	5	7	8	1	4	9
5	1	8	3	4	9	6	7	2
4	7	9	1	2	6	5	3	8
9	6	1	7	8	2	3	5	4
3	4	5	9	6	1	8	2	7
2	8	7	4	3	5	9	1	6

SUDOKU - 49 (Lösung)

9	7	3	5	4	1	8	2	6
6	4	8	9	7	2	1	3	5
5	1	2	6	8	3	4	9	7
3	8	9	7	1	6	2	5	4
1	6	7	4	2	5	9	8	3
4	2	5	3	9	8	6	7	1
8	5	4	1	3	9	7	6	2
2	3	1	8	6	7	5	4	9
7	9	6	2	5	4	3	1	8

SUDOKU - 50 (Lösung)

9	2	3	5	7	1	8	4	6
4	1	8	9	6	3	2	7	5
5	6	7	4	8	2	3	1	9
1	4	6	2	9	8	5	3	7
7	8	5	6	3	4	9	2	1
3	9	2	1	5	7	6	8	4
8	7	9	3	1	6	4	5	2
2	5	1	8	4	9	7	6	3
6	3	4	7	2	5	1	9	8